趙少咸文集

趙少咸 編著

古今切語表

中華書局

圖書在版編目(CIP)數據

古今切語表/趙少咸編著. —北京:中華書局,2016.4
(趙少咸文集)
ISBN 978-7-101-11574-1

Ⅰ.古… Ⅱ.趙… Ⅲ.漢語-音韻學-研究 Ⅳ.H11

中國版本圖書館 CIP 數據核字(2016)第 038341 號

趙少咸文集

古 今 切 語 表

趙少咸 編著

*

中 華 書 局 出 版 發 行

(北京市豐臺區太平橋西里 38 號 100073)

http://www.zhbc.com.cn

E-mail:zhbc@ zhbc.com.cn

北京市白帆印務有限公司印刷

*

700×1000 毫米 1/16 · 17¼印張 · 2 插頁

2016 年 4 月北京第 1 版 2016 年 4 月北京第 1 次印刷

印數:1-1500 冊 定價:58.00 元

ISBN 978-7-101-11574-1

出版説明

趙少咸（一八八四——一九六六），字世忠，我國傑出的語言學家。

趙少咸先生雖然著述豐富，但因爲戰亂和「文革」，其公開發表的作品並不多。上世紀八十年代，趙先生家屬和學生開始搜集、整理其遺稿，得《廣韻疏證》《經典釋文集説附箋殘卷》《詩韻譜》《手批古書疑義舉例》《增修互注禮部韻略校記》《唐寫本切韻殘卷校記》《唐寫本王仁昫刊謬補缺切韻校記》《敦煌掇瑣本切韻校記》《故宫博物院王仁昫切韻校記》《唐寫本唐韻校記》《趙少咸論文集》等。我們則自行訪得《古今切語表》的刊本。

這些書稿有的爲先生及學生手稿，有的爲先生哲嗣趙吕甫整理稿，水平不一，除論文集進行了加工整理外，其他的我們采取影印的辦法，將趙先生的作品共十一種一次推出，《廣韻疏證》前不久已由巴蜀書社出版，此次不納入文集。

此次出版，得趙振鐸、趙振鋁先生的大力支持，在此謹致以誠摯的謝意！

中華書局編輯部

二〇一五年十二月

目錄

序

成都趙少咸先生者，近世小學之大師也。一九三五年秋，中央大學教授蘄春黃季剛卒于位，吴汪公旭初方主中國語言文學系，夙知先生殫精潛研，妙達神旨，以爲繼黃公而以音韻文字訓詁之學授諸生者，惟先生其選，遂禮聘焉。清寂翁詩云：「趙君别我東南行，南雍博士來相迎。垂帷著述不炫世，蜀學沈冥人自惊。」即詠其事也。

余與先生女夫郫殷石臞同門相友善，及先生至金陵，因肅謁。中日戰起，先生返鄉。余亦轉徙數年後流寓成都，以先生紹介，得承乏四川大學講席。蜀中名德勝流，以其遠來，每樂與接，而先生尤善遇之，所以飲食教誨之者甚至。犹憶余偶舉揚子《方言》代語之義，質其所疑。先生爲反復陳説，娓娓數百言；犹恐其未了也，翌日别作箋諭之。蓋其誨人不倦，出自天性有如是者。抗戰云終，余出峽東歸，其後屢經世變，踪迹漸疏，然數十年前侍坐請益之樂，固時往來于胸臆。

先生平時著述凡數百萬言，于《經典释文》《廣韻》二書，用力尤劬，詳校博考，各爲疏證，下逮段懋堂、周春兮之纂述，亦皆辯以公心，評其得失。蓋自乾嘉以來三百年中，爲斯學既精且專，先生一人而已。

先生既返道山，哲嗣幼文、吕甫及文孙振鐸諸君，护持遺著，兢兢恐有失墜，故中歷浩劫而大體完好。今者將次第印行。吕甫來告，命序其端。余于小學懵无所知，虽間讀先生之書，而如翹首以瞻石廩祝

融，但嗟峻極，不敢贊辭。然亦幸先生之學，由子姓門人整齊傳布，終得光大于天下後世。因略陳所懷，以復于君，殊不敢言爲先生遺著序也。

一九九〇年六月，門下士程千帆敬題

趙少咸生平簡介

趙先生諱少咸（一八八四——一九六六），字世忠，成都人，祖籍安徽休寧。先生四歲發蒙，習《孝經》《爾雅》等，八歲入私塾習四書五經，後就學于成都名儒祝念和。

祝念和是貴州獨山莫友芝的學生，具反清復明思想。在祝念和的指導下，先生「閱讀的書籍由四書五經逐漸轉移到明末的遺民文學作品」（先生語〔一〕）。

一九〇四年，先生考入四川高等學堂就讀。期間，隨着社會接觸面的增大，接受了當時的新思想，尤其是「孫中山、章炳麟的革命理論」，「于是初步對于滿清王朝有了一些認識，同時也開始培養起反清復漢的狹隘民族主義的思想」（先生語）。

一九〇五年，先生與謝慧生、盧師諦、張培爵、黄復生、徐可亭、饒炎、蕭參、祝同曾、李植、許先甲、劉泳闓等人組成「乙辛社」，「以推倒滿清政府爲目的」，外人謂之「小團體」。先生在成都會府東街的住宅也成爲了團體成員集會的地點。該團體後成爲孫中山先生領導的同盟會的一部分。

「一九一一年十月初二，重慶獨立，即由張培爵等號召成立軍政府。當時川東、川南軍政内外大小職務用團體内的人爲多」（先生語）。

〔一〕文中所引「先生語」皆摘自上世紀五十年代初先生寫于四川大學中文系的《自傳》中。

袁世凱篡位後，先生等乙辛社成員旋即加入討袁的鬥爭中。一九一三年，討袁軍敗，團體成員多亡命上海、南洋諸地，先生留于成都家中。一九一四年，團體成員薛仁珊從上海返回重慶，爲軍警逮捕，軍警在其日記裏發現先生在成都的住處。是年中秋，成都將軍胡文瀾下令逮捕先生。是日，先生被捕并被关押于陆軍監獄。兩个多月後，終因灌罪無據加之街鄰親友具保而獲釋。

先生早年受章太炎學術思想影響很深，在獄中時期，朝夕僅得《説文解字》一書，默誦心識，暫忘痛苦。「我早年便很敬佩章太炎的學問文章和革命精神，平時也就喜歡翻閱他的著述，到了此時，便開始文字音韻學的專研了」。這是先生從一个民主革命者轉向語言文字學者、教育工作者之始。

一九一八年，先生在成都聯合中學、省立第一師範教授《説文解字》。繼而又執教于第一女子師範、華陽縣中學、成都縣中學、省立第一中學。一九二二年，執教于成都高等師範。一九二八年，執教于公立四川大學。一九三七年，執教于中央大學。一九四三年，執教于四川大學，兼任中文系主任、文科研究所導師。解放後，繼續執教于四川大學直至去世。

先生教書育人，作爲一个教育工作者，他把自己一生的心血都傾注在學生身上，殷切希望更多的學生能爲傳播祖國文化而打下堅實的基礎。先生的學生余行達生前曾回憶道：「一九四三年先生兼四川大學中文系主任時，我是他指導的研究生兼助教，常常要我通知中文系同學，把他規定閱讀的四史帶來系主任辦公室，親自檢查斷句情况，解析疑難。至于他指導的研究生，必須按月交呈作业，連寒暑假也不例外。」先生尤其注重培養英才，從上世紀二十年代起，李一氓、徐仁甫、殷孟倫、殷焕先、李孝定、周法高、余行達、易雲秋等都深受先生教導和器重。據殷孟倫、余行達等生前回憶：先生曾在自己住宅裏專闢一間小教室，備有黑板、桌几，開办免費講習班，經常利用星期天在此對他们專施教誨。這一批人以

後都成爲了漢語言文字學界的佼佼者。時爲四川大學講師的余行達、易雲秋二人，因曾參加过國民党三青團，解放後被開除公職遣返回原籍。先生因愛其才，惜其才無用武之地，甘願冒着一定的政治風險，于一九五三、一九五四年分别將二人邀至家中協助他編撰《廣韻疏證》《經典釋文集説附箋》二書，直至一九六二年二書編撰完成。并每月從自己的工資中拿出七十餘元付與二人作爲他们的生活費，時間长達二年之久，爾後改由四川大學支付二人工資。

先生治學勤奮，數十年如一日。及至垂暮之年，尚未有絲毫懈怠。他在上世紀五十年代所作的《如何讀〈經典釋文〉》一文中寫道：「我以垂暮餘年，精力智慧，素不如人，今更衰退，還想整理經籍舊音，會粹前人所説，審别其是非，似近輕妄。昔賢曾説『一息尚存，此志不容少懈。』我敢不竭盡自己一點淺薄技能，寫出素來積蓄，請教于當代治斯學者，得到批評，實所至願。」《廣韻疏證》《經典釋文集説附箋》這兩部各近三百萬字的巨著即先生經數十年的潛心研究，而在耄耋之年編撰完成的。

先生生平著述甚多，除上述《廣韻疏證》《經典釋文集説附箋》兩部代表作外，尚有著述近二十餘种。然一九六六年「文革」開始，十月，先生的家被紅衛兵所抄，所有書籍、手稿被洗劫盡淨，頓時「玄亭論字淪牛鬼，廣韻成疏没草蕪」〔一〕。十二月二十日，先生飲恨辭世。

「文革」結束後，先生的書籍、手稿得以部分退還，但皆殘破不堪，少有完整者。若《廣韻疏證》《經典釋文集説附箋》，原一爲二十八本，一爲三十本，而幸存者各不及十本。其他如《説文解字集注》、四十卷《校刻荀子附考證》《校刻四聲切韻表》等手稿則已全部遺失（後二种爲自刻本）。

〔一〕引自先生學生鍾樹梁《過將軍街趙少咸師故宅》詩：「趙公故宅盡泥塗，來弔先生立巷隅。道上競馳公子馬，牆頭不見丈人烏。玄亭論字淪牛鬼，廣韻成疏没草蕪。手捧雪冰當酒醴，高天厚地胡爲乎。」

爲避免先生的畢生心血付之東流，上世紀八十年代末，學生余行達、易雲秋、趙吕甫等人著手整理先生遺著。費時數年，整理完成《廣韻疏證》。先生嗣子趙吕甫更以十載之力，整理完成《趙少咸論文集》。遺憾的是，先生的另一巨著《經典釋文集説附箋》終未能整理復原。

此次蒙中華書局厚愛，《趙少咸文集》得以出版，了却了先生的遺願，先生的在天之靈聊得以告慰。

趙振錕　趙振鐃

二〇一三年一〇月

古今切語表

丙子春二月

高淡齋所有

	影	喻	爲	曉	匣
合1 東	翁 烏紅 烏公			烘 呼東 呼翁	洪 戶公 胡籠
合23 東		融 以戎 余雄	雄 羽弓 穴融		
合1 冬					䃔 戶冬 胡農
合43 鍾	邕 於容 紆胷	容[4] 餘封 余龍		胷 許容 虛邕	
合2 江	胦 握江			肛 許江 希江	栙 下江 奚庬
開23 支	漪 於離 乙犧	移 弋支 逸離		犧 許羈 肸 詑 香支 漪	
合23 支	逶 於爲 烏麾	蓶 悅吹 欲羸	爲 遠支 余羸	麾 許爲 呼逶 隓 許規 呼規	
開23 脂	伊 於脂 乙飢	姨 以脂 逸尼		咦[4] 喜夷 肸伊	
合23 脂		惟 以追 余葵	帷 洧悲 余逵		
開23 之	醫 於其 乙熙	飴 與之 逸其		嬉 許其 肸醫	
開3 微	依 於希 乙希			希 香衣 肸衣	
合3 微	威 於非 烏揮		幃 雨非 余肥	揮 許歸 呼威	
合23 魚	於 央居 郁虛	余 以諸 欲渠		虛 朽居 旭於	
合23 虞	紆 憶俱 郁吁		于 羽俱 雲劬	訏 況于 旭紆	

見	溪	羣	疑	端	透
公 古紅 姑翁	空 苦紅 枯翁		𡶶 五東 吳洪	東 德紅 都翁	通 他紅 禿翁
弓 居戎 居邕	穹 去宮 區邕	窮 渠弓 渠融			
攻 古冬 姑翁				冬 都宗 都翁	炵 他冬 禿翁
恭 九容 居邕	銎 曲恭 區邕	蛩 渠容 渠容	顒 魚容 魚容		
江 古雙 基腔	腔 苦江 欺江		𡶶 五江 宜厐		
羈 居宜 吉漪	攲 去奇 乞漪	奇 渠羈 勤　祇 巨支 移	宜 魚羈 逆奇		
嬀 居爲 透姑　[illegible] 居隨 透谷	虧 去爲 透枯　闚 去隨 規枯		危 魚爲 吳巋		
飢 居夷 吉伊		鬐 渠脂 勤夷	狋 牛肌 逆棃		
龜 居追 姑威	巋 丘追 枯威	逵 渠追 帷渠　葵 渠追 惟渠			
姬 居之 吉醫	欺 去其 乞醫　抾 丘之	其 渠之 勤怡	疑 語其 逆其		
機 居依 吉衣		祈 渠希 勤沂	沂 魚衣 逆旂		
歸 舉韋 姑威	蘬 丘韋 枯威		巍 語韋 吳肥		
居 九魚 菊於	虛 去魚 曲於	渠 強魚 羣余	魚 語居 玉渠		
俱 舉朱 菊紆	區 豈俱 曲紆	衢 其俱 權于	虞 遇俱 元劬		

定	泥	來	知	徹	澄
同 徒紅／徒紅		籠 盧紅／盧紅			
		隆 力中／閭融	中 陟弓／豬邕	忡 敕中／黜邕	蟲 直弓／除融
彤 徒冬／徒農	農 奴冬／奴彤	䃧 力冬／盧農			
		龍 力鍾／閭容		蹱 丑凶／黜邕	重 直容／除容
		瀧 呂江／盧厖	樁 都江／株江	惷 丑江／黜江	幢 宅江／除厖
		離 呂支／力移	知 陟離／陟漪	摛 丑知／敕伊	馳 直離／除移
		羸 力爲／盧爲	腄 竹垂／豬逶		鬌 直垂／除爲
		棃 力脂／力夷	胝 丁尼／陟伊	絺 丑飢／敕伊	墀 直尼／呈夷
		纍 力追／盧帷	追 陟隹／豬威		鎚 直追／除帷
		釐 里之／力怡		癡 丑之／敕醫	治 直之／呈怡
		臚 力居／律余	豬 陟魚／竹於	攄 丑居／敕於	除 直魚／蟲余
		慺 力朱／律于	株 陟輸／竹紆	貙 敕俱／黜紆	廚 直誅／蟲于

禪	審	神	穿	照	娘
					一
			充 昌終 出邕	終 職戎 朱邕	
鱅 蜀庸 蜀庸	舂 書容 書邕		衝 尺容 出邕	鍾 職容 朱邕	醲 女容 女容
					膿 女江 女厖
提 是支 石移	纚 式支 式漪		眵 叱支 尺漪	支 章移 職漪	
垂 是爲 蜀爲			吹 昌垂 出逶		
	尸 式之 式伊		鴟 處脂 尺伊	脂 旨夷 職夷	尼 女夷 匿夷
誰 視隹 蜀帷			推 叉隹 出威	錐 職追 朱威	
時 市之 石怡	詩 書之 式其 睽 式 醫		蚩 赤之 尺醫	之 止而 職醫	
蜍 署魚 蜀余	書 傷魚 東於			諸 章魚 燭於	袽 女余 女余
殊 市朱 蜀于	輸 式朱 東紆		樞 昌朱 出紆	朱 章俱 燭紆	

邪	心	從	清	精	日
	檧 蘇公 蘇翁	叢 租紅 徂紅	怱 倉囱 粗翁	葼 子紅 租翁	
	嵩 息弓 胥邕				戎 如融 如融
	鬆 私宗 蘇翁	賨 藏宗 徂農		宗 作冬 租翁	
4 松 祥容 徐容	4 蜙 息恭 胥邕	4 從 疾容 徂容	4 樅 七恭 [illegible]邕	4 蹤 卽容 足邕	茸 而容 如容
	斯 息移 塞貲	疵 疾移 齊時	雌 此移 此斯	貲 卽移 則斯	兒 汝移 日移
4 隨 旬爲 徐爲	眭 息爲			劑 遵爲 租 騒 子垂 姊宜 匯 透	痿 人垂 如帷
	私 息夷 塞咨	茨 疾資 層時	郪 取私 此私	咨 卽夷 則私	
	綏 息遺 蘇威			4 嗺 醉綏 租威	甤 如追 如帷
詞 似茲 習慈	思 息茲 塞茲	慈 疾之 層時		茲 子之 則思	而 如之 日怡
4 徐 似魚 習余	胥 相居 粟於		4 疽 七余 促於	4 且 子魚 足於	如 人諸 縟余
	須 相俞 粟紆		趨 七逾 取紆	諏 子于 足紆	儒 人朱 縟于

莊	初	牀	疏	邦	滂
		崇 鋤弓 鉏洪			
	囪 楚江 初江	淙 士江 鉏厖	雙 所江 疏江	邦 博江 逋江	胮 匹江 鋪江
齜 側宜	差 楚宜 測漪	䶩 士宜 岑怡	釃 所宜 色漪		
	衰 楚危 初逶		䩈 山垂 疏威	陂 彼爲 ■ 4 卑 府移 漪	鈹 敷羈 劈 4 岥 匹支 漪
			師 疏夷 色伊		
			衰 所追 疏威	悲 府眉 筆伊	丕 敷悲 劈 4 紕 匹夷 伊
菑 側持 仄醫	輜 楚持	漦 俟甾 岑 茬 士之 怡			
菹 側魚 捉烏	初 楚魚 楚烏	鉏 士魚 崇吾	疏 所葅 謝烏		
㑳 莊俱	芻 測隅 楚烏	雛 仕于 崇吾	毹 山芻 謝烏		

竝	明	非	敷	奉	微
薄紅 蓬 蒲紅	莫紅 蒙 模紅				
	莫中 瞢	方戎 風 夫翁	敷空 豐 敷翁	房戎 馮 扶洪	
		府容 封 夫翁	敷容 峯 敷翁	符容 逢 扶洪	
薄江 龐 蒲厖	莫江 厖 模龐				
4 符羈 皮 貧宜 符支 陴 貧移	4 武移 彌 密移 靡爲 縻 密宜				
4 符悲 邳 [illegible] 房脂 毗 夷	武悲 眉 密夷				
		甫微 斐 夫威	芳非 霏 敷威	符非 肥 扶帷	無非 微 無肥
		甫無 跗 補烏	芳無 敷 拂烏	防無 扶 馮無	武夫 無 物扶

附攷證切語

一東　豐敷空切　案唐寫本切韻王仁煦切韻空作隆說文作戎玉篇芳馮切廣韻誤

五支　㕫姊宜切　案王仁煦切韻宜作規爾雅釋山釋文同廣韻誤切韻攷列于開口亦誤

六脂　葵渠追切　案唐寫本切韻追作惟王仁煦本作隹鉉本說文作彊惟鍇本作揆惟廣韻誤

推叉隹切　案唐寫本王仁煦本切韻叉作尺廣韻誤

	影	喩	爲	曉	匣
模 合1	烏 哀都 屋呼			呼 荒烏 忽烏	胡 戶吳 滑吾
齊 開4	鷖 烏奚 乙雞			醯 呼雞 肸鷖	奚 胡雞 檄倪
齊 合4	烓 烏攜 烏圭			眭 呼攜	攜 戶圭 胡帷
佳 開2	娃 於佳 衣街			[illegible] 火佳	[illegible] 戶佳 奚崖
佳 合2	蛙 烏媧 烏乖			竵 火媧 呼歪	鼃 戶媧
皆 開2	挨 乙諧 衣皆			俙 喜皆	諧 戶皆 奚崖
皆 合2	崴 乙乖 烏乖			虺 呼懷 呼歪	懷 戶乖 乎乖
灰 合1	隈 烏恢 烏灰			灰 呼恢 呼隈	回 戶恢 胡帷
咍 開1	哀 烏開 阿該			咍 呼來 黑哀	孩 戶來 何來
咍 合1					
眞 開3	因 於眞 衣　𪉊 於巾 巾	寅 翼眞 移鄰			礥 下珍 奚寅
眞 合3	贇 紆倫 紆均		筠 王春 于倫		
諄 合3		勻 羊倫 俞倫			
臻 開2					

見	溪	羣	疑	端	透
孤 古胡 谷烏	枯 苦胡 酷烏		吾 五乎 兀胡	都 當孤 篤烏	稌 他胡 禿烏
雞 古奚 吉鷖	谿 苦奚 乞鷖		倪 五稽 逆題	低 都奚 的鷖	梯 土雞 惕鷖
圭 古攜 姑威	睽 苦圭 枯威				
佳 古膎 基挨			崖 五佳 五鞋		
媧 古蛙 姑歪	咼 苦緺 枯歪				
皆 古諧 基挨	揩 口皆 渴挨		⿱宀永 擬皆		
乖 古懷 姑歪	匯 苦淮 枯歪				
傀 公回 姑隈	恢 苦回 枯隈		鮠 五灰 吾回	磓 都回 都隈	⿰車隹 他回 禿隈
該 古哀 歌哀	開 苦哀 渴哀		皚 五來 我孩	⿰黑臺 丁來	胎 土來 他哀
巾 居銀 基因		⿰犭堇 巨巾 奇寅	銀 語巾 五鄰		
麕 居筠 居氳	囷 去倫 區氳				
均 居匀 菊氳		開 3 趣 渠人			

定	泥	來	知	徹	澄
徒 同都 同吾	奴 乃都 訥吾	盧 洛胡 祿吾			
嗁 杜奚 田倪	泥 奴低 溺倪	黎 郎奚 力倪			
		唻 賴諧	⿰齒來 卓皆	搋 丑皆	
隤 杜懷 除懷		⿰月累 力懷			
頹 杜回 徒帷	⿰忄夒 乃回 奴帷	雷 魯回 慮帷			
臺 徒哀 駝孩	能 奴來 儺孩	來 落哀 勒孩			
		粦 力珍 離寅	珍 陟鄰 知因	⿰彳縣 丑人 絺因	陳 直珍 池寅
		淪 力迍 閭勻	屯 陟綸 豬氳	椿 丑倫 黜氳	⿰酉屯 直淪

娘	照	穿	神	審	禪
覙 孎佳					
搱 諾皆					
		犃 昌來			
紉 女鄰 尼寅	眞 側鄰 支因	瞋 昌眞 蚩因	神 食鄰 舌寅	申 失人 詩因	辰 植鄰 匙寅
	諄 章倫 朱氳	春 昌脣 出氳	脣 食倫 船勻		純 常倫 殊勻

日	精	清	從	心	邪
	租 則吾 尊烏	麤 倉胡 村烏	徂 昨胡 叢吾	蘇 素姑 速烏	
	齎 祖稽 卽鷖	妻 七雞 七鷖	齊 徂奚 前倪	西 先稽 息鷖	
	嗺 臧囘 租隈	催 倉囘 麤隈	摧 昨囘 徂惟	膗 素囘 蘇隈	
	栽 祖才 咨哀	猜 倉才 雌哀	才 昨哉 慈孩	鰓 蘇來 思哀	
人 如鄰 日寅	4 津 將鄰 卽因	4 親 七人 妻因	4 秦 匠鄰 齊寅	4 新 息鄰 西因	
犉 如勻 如勻	遵 將倫 足氳	逡 七倫 趨氳	鷷 昨旬	荀 相倫 胥氳	旬 詳遵 徐勻

切語表·平聲·模齊佳皆灰咍真諄臻

莊	初	牀	疏	邦	滂
				逋 博孤／波烏	榑 普胡／顒烏
				㪏 邊兮／肇翳	砒 匹迷／劈翳
	釵 楚佳／尺挨	柴 士佳／岑崖	崽 山佳／師挨		
齋 側皆／蕑挨	差 楚皆／尺挨	豺 士皆／岑崖	崽 山省／師省		
		膗 仕懷			
				杯 布回／卜隈	肧 芳杯／鋪隈
					姏 普來
				賓 4必鄰／因　彬 府巾甲	繽 4匹賓／披因
					砏 普巾
臻 側詵／仄因		榛 七臻／柴寅	莘 所臻／師因		

並	明	非	敷	奉	微
酺 薄胡 婆吾	模 莫胡 摩吾				
鼙 部迷 倪貧	迷 莫兮 密倪				
牌 薄佳 崖蒲	買 莫佳				
排 步皆 蒲崖	埋 莫皆 模崖				
裴 薄回 蒲帷	枚 莫杯 模帷				
陪 扶來					
貧 符巾 皮；頻 符眞 銀	4 珉 武巾 迷；民 彌鄰 寅				

附攷證切語

十二齊　齎相稽切　案唐寫本切韻相作即鉉本説文五音集韻並作祖廣韻誤

十四皆　崴乙皆切　案唐寫本切韻皆作乖玉篇類篇作烏乖廣韻誤

　　　　揩諧皆切　案唐寫本切韻諧作諾切韻指掌圖類隔更音和條同廣韻誤

十七眞　眞側鄰切　案廣韻韻目唐寫本切韻側作職廣韻誤

十八諄　砏普巾切　案泰定本內府本廣韻巾作均他本誤

	影	喻	爲	曉	匣
文 合3	熅 於云 紆薰		雲 王分 余羣	熏 許云 虛氳	
殷 開3	殷 於斤 衣斤			欣 許斤 希殷	
元 合1 開3	蔫 謁言 衣掀			軒 虛言 希焉	
	鴛 於袁 紆暄		袁 雨元 余懸	暄 況袁 虛鴛	
魂 開3	昷 烏渾 烏昏			昏 呼昆 呼溫	魂 戶昆 胡論
痕 合3	恩 烏痕 阿根				痕 戶恩 何垠
寒 開1	安 烏寒 阿干			頇 許干 呵安	寒 胡安 何闌
桓 合1	剜 一丸 烏官			歡 呼官 呼剜	桓 胡官 胡頑
删 開2 合2					
	彎 烏關 烏關				還 戶關 胡頑
山 開2 合2	黰 烏閑 衣艱			羴 許閑 希勳	閑 戶間 何顏
	嬽 委鰥 烏鰥				湲 獲頑 胡頑
先 開4 合4	煙 烏前 衣堅			祆 呼烟 希烟	賢 胡田 奚妍
	淵 烏玄 紆涓			鋗 火玄 虛淵	玄 胡涓 穴員

見	溪	羣	疑	端	透
君 舉云 居氳		羣 渠云 渠云			
斤 舉欣 基殷		勤 巨斤 奇寅	⿰石虎 語斤		
⿰扌鳥 居言 基焉	攑 丘言 欺焉	⿰月建 巨言 奇言	言 語軒 宜賢		
			元 愚袁 愚袁		
昆 古渾 姑溫	坤 苦昆 枯溫		⿰亻軍 牛昆 吳魂	敦 都昆 都溫	暾 他昆 禿溫
根 古痕 歌恩			垠 五根 吳痕		吞 吐根 他恩
干 古寒 歌安	看 苦寒 渴安		豻 俄寒 俄寒	單 都寒 德安	灘 他干 他安
官 古丸 姑剜	寬 苦官 枯剜		岏 五丸 吳桓	端 多官 都剜	湍 他端 禿剜
姦 古顏 基烟	馯 丘姦 欺 豻 可顏 姦		顏 五姦 宜閑		
關 古還 姑彎	⿰亻雚 跪頑		⿸广需 五還 吾還		
閒 古閑 皆山	慳 苦閑 欺艱		訮 五閑 宜閑		
⿰糸眔 古頑 姑彎					
堅 古賢 基烟	牽 苦堅 欺烟		妍 五堅 宜賢	顛 都年 低煙	天 他前 梯煙
涓 古玄 居淵					

定	泥	來	知	徹	澄
屯 徒渾 徒魂	黁 奴昆 奴魂	論 盧昆 魯魂			
壇 徒干 駝寒	難 那干 儺寒	蘭 落干 勒寒			
團 度官 徒完	濡 乃官 奴完	鑾 洛官 盧丸			
		爛 力閑 勒寒	譠 陟山		[illegible] 直閑
		[illegible] 力顚			窀 墜顚
田 徒年 題妍	年 奴顚 泥妍	蓮 落賢 離妍			

孃	照	穿	神	審	禪
奻 奴還					
嘫 女閑					

日	精	清	從	心	邪
	尊 祖昆	村 此尊	存 徂尊	孫 思渾	
		餐 七安 雌安	殘 昨干 慈寒	珊 蘇干 思安	
	鑽 借官 祖剜		欑 在丸 徂完	酸 素官 蘇剜	
	箋 則前 即烟	千 蒼先 七煙	前 昨先 曾妍	先 蘇前 息煙	

莊	初	牀	疏	邦	滂
				奔 博昆 逋溫	濆 普魂 鋪溫
				𤳉 北潘 剜布	潘 普官 鋪剜
			删 所姦 疏彎		
跧 阻頑 菹彎			櫰 數還	班 布還 逋彎	攀 普班 鋪彎
	貚 充山	虥 士山 鉏閑	山 所間 師安	斒 卜閑 逋彎	
		狗 崇玄		邊 布玄 卑咽	

並	明	非	敷	奉	微
		分 府文 夫溫	芬 撫文 敷溫	汾 符分 扶文	文 無分 無份
		蕃 甫煩 夫彎	𩙪 孚袁 敷彎	煩 附袁 扶頑	樠 武元 無煩
盆 蒲奔 蒲魂	門 莫奔 模魂				
槃 薄官 蒲完	瞞 母官 模完				
	蠻 莫還 模頑				
蹁 部田 皮妍	眠 莫賢 迷妍				

二十七删　癟頑五還切　案唐寫本切韻頑吳鰥反在訮紐下䫋紐上集韻作五鰥廣韻誤

	影	喻	爲	曉	匣
僊 開23 合23	焉 於乾 衣旃	延 以然 移邅	漹 有乾 移虔	嘕 許延 希焉	
	娟 於緣 宜紆；嬛 於權 專紆	沿 與專 余全	員 王權 于權	翾 許緣 虛淵	
蕭 開4	幺 於堯 衣曉			膮 許幺 希幺	
宵 開3	要 於宵 伊消；妖 於喬 衣嬌	遙 餘昭 移喬	鴞 于嬌 移喬	囂 許嬌 希妖	
肴 開2	⿰幽頁 於交 衣交			虓 許交 希交	肴 胡茅 希巢
豪 開1	爊 於刀 阿高			蒿 呼毛 呵麃	豪 胡刀 何敖
歌 開1	阿 烏何 戹歌			訶 虎何 黑阿	何 胡歌 核莪
戈 合1	倭 烏禾 烏戈				禾 戶戈 胡訛
戈 開3 合3					
	肥 於靴 於鞾			鞾 許戈 虛肥	
麻 開32 合2	鴉 於加 衣加	邪 4 以遮 移蛇		煆 許加 希鴉	遐 胡加 奚牙
	窊 烏瓜 烏瓜			花 呼瓜 呼窊	華 戶花 胡窊
陽 開3 合3	央 於良 衣香	陽 與章 移彊		香 許良 希央	
			王 雨方 余狂		

見	溪	羣	疑	端	透
甄 居延 基焉	愆 去乾 欺焉	乾 渠焉 奇延			
勬 居員	弮 丘圓 區淵	權 巨員 渠員			
驍 古堯 基幺	鄡 苦幺 欺幺		嶢 五聊 宜聊	貂 都聊 低幺	祧 吐彫 梯幺
驕 舉喬 基妖	蹻 去遙 欺腰 趫 起囂	翹 渠遙 奇遙 喬 巨嬌 奇遙			
交 古肴 皆敲	敲 苦交 欺交		聱 五交 莪肴		
高 古勞 歌鏖	尻 苦刀 渴鏖		敖 五勞 莪勞	刀 都牢 德鏖	饕 土刀 他鏖
歌 古俄 各阿	珂 苦何 渴阿		莪 五何 額何	多 得何 德阿	佗 託何 託阿
戈 古禾 姑倭	科 苦禾 枯倭		訛 五禾 吾禾	陊 丁戈 都倭	詑 土禾 秃倭
迦 居伽 基遮	佉 丘伽 欺迦	伽 求迦 奇邪			
	𩨷 去靴 區靴	瘸 巨靴 衢鞾			
嘉 古牙 基鴉	𪘏 苦[illegible] 欺鴉		牙 五加 宜遐		
瓜 古華 姑窊	誇 苦瓜 枯窊		𣢭 五瓜		
薑 居良 基央	羌 去羊 欺央	強 巨良 奇陽			
	匡 去王 枯汪	狂 巨王 渠王			

定	泥	來	知	徹	澄
		連 力延 離延	邅 張連 知焉	脠 丑延 敕焉	纏 直連 池延
		攣 呂員 閭員	[illegible] 丁權	猭 丑緣 黜淵	椽 直攣 除員
迢 徒聊 題堯		聊 落蕭 離堯			
		燎 力昭 離遙	朝 陟遙 知妖	超 敕宵 敕妖	鼂 直遙 馳遙
		顟 力嘲 力斉	嘲 陟交 知鏖	颮 敕交 敕鏖	桃 直交
陶 徒刀 駝敖	猱 奴刀 儺敖	勞 魯刀 勒敖			
駝 徒何 徒莪	那 諾何 諾莪	羅 魯何 勒莪			
牠 徒和 徒訛	挼 奴禾 奴訛	贏 落戈 盧訛			
		臠 縷䯞			
			爹 陟邪 低些　奓 陟加 知鴉	侘 敕加 敕鴉	茶 宅加 池牙
			檛 陟瓜 豬窊		
		良 張呂 離陽	張 陟良 知央	募 豬羊 敕央	長 直良 池陽

禪	審	神	穿	照	娘
鋋 市連 時延	羶 式連 詩烏		燀 尺延 蚩焉	饘 諸延 支焉	
遄 市緣 殊員		船 食屬 贖員	穿 昌緣 出淵	專 職緣 朱淵	
韶 市昭 時遙	燒 式招 詩妖		怊 尺招 蚩妖	昭 止遙 支妖	
					鐃 女交 尼敖
闍 視遮 時耶	奢 式車 詩車	蛇 食遮 時耶	車 尺遮 蚩遮	遮 正奢 之奢	拏 女加 尼牙
常 市羊 匙陽	商 式羊 詩央		昌 尺良 蚩央	章 諸良 支央	孃 女良 尼陽

邪	心	從	清	精	日
次 夕連 習延	僊 相然 息焉	錢 昨仙 胥延	遷 七然 七焉	煎 子仙 卽焉	然 如延 日延
旋 似宣 徐員	宣 須緣 胥淵	全 疾緣 從員	詮 此緣 趨淵	鐫 子泉 足淵	堧 而緣 如員
	蕭 蘇彫 西幺				
	宵 相邀 西腰	樵 昨焦 齊遙	鍬 七遙 七腰	焦 卽消 卽腰	饒 如招 日遙
	騷 蘇遭 思敖	曹 昨勞 慈敖	操 七刀 雌鏖	糟 作曹 咨鏖	
	娑 素何 思阿	醝 昨何 慈莪	蹉 七何 雌阿		
	莎 蘇禾 蘇倭	矬 昨禾 徂訛	遳 七戈 麤倭	侳 子髖 租倭	
衺 以嗟 習耶	些 4 寫邪 西遮	查 4 才邪 在良		嗟 4 子邪 卽些	若 入賒 日蛇
詳 4 似羊 習陽	襄 4 息良 西央	牆 4 在良 齊陽	鏘 4 七羊 七央	將 4 卽良 卽央	穰 汝陽 日陽

滂	邦	疏	牀	初	莊
			潺 士連 岑寒		
篇 4 芳連 披焉	鞭 4 卑連 卑焉	栓 山員 疏彎			恮 莊緣 葅彎
奧 撫招 披腰	飆 甫遙 卑腰 鑣 甫嬌 卑妖				
胞 匹交 鋪鏖	包 布交 逋鏖	梢 所交 師鏖	巢 交鉏 岑敖	䜈 楚交 差鏖	𥉸 側交 菑鏖
橐 普袍 鋪鏖	褒 博毛 逋鏖				
頗 滂禾 鋪倭	波 博禾 逋倭				
		鯊 所加 師鴉	楂 鉏加 岑牙	叉 初牙 測鴉	樝 側加 菑鴉
葩 普巴 鋪鴉	巴 伯加 逋鴉				髽 莊華 葅窊
		霜 2 色莊 師央	牀 2 仕莊 鉏王	創 2 初良 初汪	莊 2 側羊 菹汪

並	明	非	敷	奉	微
便 房連 皮延 4	緜 武延 彌延 4				
瓢 符宵 皮遙	蜱 彌遙 苗 武儦 迷遙				
庖 薄交 蒲敖	茅 莫交 模敖				
袍 薄褒 蒲敖	毛 莫袍 模敖				
婆 蒲波 蒲訛	摩 莫婆 模訛				
爬 蒲巴 蒲牙	麻 莫霞 模牙				
		方 府良 夫汪	芳 敷方 敷汪	房 符方 扶王	亡 武方 無房

	影	喻	爲	曉	匣
唐 開1	鴦 烏郎 阿岡			炕 呼郎 黑岡	航 胡郎 何昂
唐 合1	汪 烏光 烏荒			荒 呼光 呼汪	黃 胡光 胡王
庚 開2				脝 許庚 呵庚	行 戶庚 何彭
庚 合2				諻 虎橫 呼觥	橫 戶盲 胡盲
庚 開3	霙 於驚 衣京				
庚 合3			榮 永兵 余瓊	兄 許榮 虛邕	
耕 開2	甖 烏莖 阿耕				莖 戶耕 何萌
耕 合2	泓 烏宏 烏轟			轟 呼宏 呼泓	宏 戶萌 乎萌
清 開4	嬰 於盈 衣輕	盈 以成 怡名			
清 合4	縈 於營 紆傾	營 余傾 余瓊		眴 火營 虛邕	
青 開4				馨 呼刑 希嬰	刑 戶經 奚盈
青 合4					熒 戶扃 穴容
蒸 開23	膺 於陵 衣兢	蠅 余陵 移形		興 許應 希膺	
登 開1					恆 胡登 何朋
登 合1				薨 呼肱 呼翁	弘 胡肱 胡肱

見	溪	羣	疑	端	透
岡 古郎 歌康	康 苦岡 渴岡		卬 五岡 我航	當 都郎 德岡	湯 吐郎 他岡
光 古黃 姑汪	觥 苦光 枯汪				
庚 古行 歌亨	阬 客庚 渴亨				
觵 古橫 姑翁					
驚 舉卿 基英	卿 去京 欺英	擎 渠京 奇迎	迎 語京 宜擎		
耕 古莖 歌鏗	鏗 口莖 渴耕		娙 五莖 我萌		
	輕 去盈 欺嬰	頸 巨成 奇盈			
	傾 去營 區邕	瓊 渠營 渠容			
經 古靈 基嬰				丁 當經 低嬰	汀 他丁 梯嬰
扃 古螢 居邕					
兢 陵居 基膺	硱 綺兢 欺膺	殑 其矜 奇蠅	凝 魚陵 宜澄		
揯 古恒 歌登				登 都滕 德增	鼟 他登 他登
肱 古弘 姑翁					

定	泥	來	知	徹	澄
唐 徒郎 駝昂	囊 奴當 儺昂	郎 魯當 勒昂			
			趟 竹盲 知亨	瞠 丑庚 敕亨	棖 直庚 池衡
			朾 中莖 知耕		橙 宅耕 池萌
		3 跉 呂貞 離盈	3 貞 陟盈 知嬰	3 檉 丑貞 敕嬰	3 呈 直貞 池盈
庭 特丁 題形	寧 奴丁 泥形	靈 郎丁 離盈			
		陵 力膺 離蠅	徵 陟陵 知膺	僜 丑升 敕膺	澂 直陵 池蠅
騰 徒登 駝恆	能 奴登 儺恆	楞 魯登 勒恆			

禪	審	神	穿	照	娘
					鬤 乃庚
					儜 女耕 尼萌
3 成 是征 匙盈	3 聲 書盈 詩嬰			3 征 諸盈 支嬰	
承 署陵 匙蠅	升 識蒸 詩膺	繩 食陵 舌蠅	稱 昌蹬 蚩膺	蒸 煮仍 支膺	

日	精	清	從	心	邪
	臧 則郎 咨岡	倉 七岡 雌岡	藏 昨郎 慈昂	桑 息郎 思岡	
		崢 七耕 岑萌			
	精 子盈 卽嬰	清 七情 七嬰	情 疾盈 齊盈		餳 徐盈 習盈
				騂 息營 胥邕	
		青 倉經 七嬰		星 桑經 西嬰	
仍 如乘 日蠅			繒 疾棱		
	增 作滕 咨登	𢒉 七曾 雌增	層 昨滕 慈恆	僧 蘇增 思增	

莊	初	牀	疏	邦	滂
				幫 博旁 逋岡	滂 普郎 鋪岡
		傖 助庚 岑衡			
				閍 甫盲 逋亨	磅 撫庚 鋪庚
	鎗 楚庚 差亨		生 2 所庚 師亨		
				兵 甫明 卑英	
爭 側莖 菑耕	琤 楚耕 差耕			浜 布耕	
				繃 北萌 逋耕	怦 普耕 鋪耕
				幷 府盈 卑嬰	
					竮 普丁 披嬰
		磳 仕兢 岑恆	殅 山矜 師膺	冫 筆陵 卑膺	砯 披冰 披膺
				崩 北滕 卜登	漰 普朋 鋪崩

並	明	非	敷	奉	微
傍 步光 蒲昂	茫 莫郎 模昂				
彭 薄庚 蒲衡	盲 武庚 模衡				
平 符兵 皮迎	明 武兵 迷迎				
棚 薄萌 蒲萌	甍 莫耕 模棚				
	名 武幷 迷盈				
缾 薄經 皮盈	冥 莫經 迷盈				
凭 扶冰 皮蠅					
朋 步崩 蒲恆	瞢 武登 模恆				

	影	喩	爲	曉	匣
尤 合	憂 於求 衣休	猷 以周 移囚	尤 羽求 移求	休 許尤 希優	
侯 開1	謳 烏侯 阿鈎			齁 呼侯 呵謳	侯 戶鉤 何樓
幽 開4	幽 於虯 衣樛			飍 香幽 希幽	
侵 開23	音 於金 衣金；愔 挹淫 衣心	淫 餘針 移琴		歆 許金 希音	
覃 開1	諳 烏含 阿堪			峆 火含 呵庵	含 胡男 胡南
談 開1				蚶 呼談 呵庵	酣 胡甘 何藍
鹽 開23	淹 史炎 衣詹；一鹽 衣尖	鹽 余廉 余廉	炎 于廉 于廉		
添 開4				馦 許兼 希淹	嫌 戶兼 奚炎
咸 開2	[illegible] 乙咸 衣衫			㰹 許咸 呵緘	咸 胡讒 諧巖
銜 開2					銜 戶監 諧巖
嚴 開3	醃 於嚴 衣詹			[illegible] 虛嚴	
凡 開3					

見	溪	羣	疑	端	透
鳩 居求 基優	丘 主鳩 欺優 恘 去秋	裘 巨鳩 奇尤	牛 語求 宜求		
鉤 古侯 歌謳	彄 恪侯 渴謳		齵 五婁 我侯	兜 當侯 德謳	偷 託侯 他謳
樛 居蚪 基幽		虯 渠幽 奇由	聱 語蚪		
金 居吟 基音	欽 去金 欺音	琴 巨金 奇吟	吟 魚金 宜琴		
弇 古南 歌庵	龕 口含 渴庵		⿰言㬎 五含 我含	耽 丁含 多庵	探 他含 他庵
甘 古三 歌庵	坩 苦甘 渴庵			擔 都甘 德庵	䑙 他酣 他庵
	⿰忄歛 丘廉 欺淹 箝 奇炎	鍼 巨鹽	⿰齒廉 語廉 宜廉		
兼 古甜 基淹	謙 苦兼 欺淹			⿱髟占 丁兼 低淹	添 他兼 梯淹
緘 古咸 基衫	鵮 苦咸 欺緘		喦 五咸 宜咸		
監 古銜 基衫	嵌 口銜 欺監		巖 五銜 宜銜		
	欦 丘嚴 欺淹		嚴 語[illegible] 宜黔		

定	泥	來	知	徹	澄
		劉 丸末 離尤	輈 張流 知優	抽 丑鳩 敕優	儔 直由 池尤
頭 度侯 駝侯	羺 奴侯 儺侯	樓 落侯 羅侯			
		鏐 力幽			
		林 力尋 離淫	碪 知林 知音	琛 丑林 敕音	沈 直深 池淫
覃 徒含 駝含	南 那含 那含	婪 盧含 羅含			
談 徒甘 駝藍		藍 魯甘 羅談			
		廉 力鹽 離鹽	霑 張廉 知淹	覘 丑廉 敕淹	灵 直廉 池炎
甜 徒兼 題炎	鮎 奴兼 泥炎	鬑 勒兼			
			詀 竹咸 知庵		

禪	審	神	穿	照	娘
讎 市流 匙尤	收 式周 詩優		犨 赤周 蚩優	周 職流 支優	
諶 氏壬 匙淫	深 式針 詩音		⿰甚見 充針 蚩音	斟 職深 支音	⿰言任 女心 尼淫
棎 視占 匙鹽	苫 失廉 詩淹		⿰章詹 處占 蚩淹	詹 職廉 支淹	黏 女廉 尼炎
					諵 女咸 尼咸

邪	心	從	清	精	日
囚 似由 習尤	脩 息流 西優	酋 自秋 齊由	秋 七由 七優	啾 即由 即優	柔 耳由 如尤
	涑 速侯 思謳	𠟗 徂鉤 慈侯	𧬱 千侯 雌謳	鯫 子侯 咨謳	
				稵 子幽	
尋 徐林 習淫	心 息林 西音	鬵 昨淫 齊淫	侵 七林 七音	祲 子心 即音	任 如林 如吟
	毿 蘇含 思庵	蠶 昨含 慈含	參 倉含 差庵	簪 作含 咨庵	
	三 蘇甘 思庵	慙 昨甘 慈　暫 昨三 藍			
燅 徐鹽 習鹽	銛 息廉 西淹	潛 昨鹽 齊鹽	籤 七廉 七淹	尖 子廉 即淹	髯 汝鹽 如炎

滂	邦	疏	牀	初	莊
		所鳩 搜 師謳	士尤 愁 岑尤	楚鳩 搊 差謳	側鳩 鄒 菑謳
	甫烋 彪 卑幽	山幽 犙			
		所今 森 師音	鋤針 岑 鋤淫	楚簪 參 差森	側吟 兂 菑森
	府廉 砭 卑淹	史炎 襳			
		所咸 攕 師庵	士咸 讒 岑咸		
		所銜 衫 師庵	鋤銜 巉 岑巖	楚銜 攙 差庵	

竝	明	非	敷	奉	微
	謀 莫浮 模侯	不 甫鳩 夫優	䬙 匹尤 敷優	浮 縛謀 扶尤	
裒 薄侯 蒲侯	呣 亡侯 模侯				
滮 皮彪 皮由	繆 武彪 迷由				
	[illegible] 武甘 模藍				
[illegible] 白銜					
			芝 匹凡 敷庵	凡 符咸 扶含	

附切語攷證

二十九凡

凡符咸切案唐寫本王仁煦本切韻鉉本說文咸作芝廣韻類隔今更音和切同則此誤

	影	喻	爲	曉	匣
董 合 1	蓊 烏孔 烏孔			嗊 呼孔 虎孔	澒 胡孔 戶孔
腫 合 4 3 1	擁 於隴 紆鞏	勇 余隴 余隴		洶 許拱 許勇	
講 合 2	[忄+翁] 烏項 倚講			傋 虛[illegible] 喜講	項 胡講 諧講
紙 開 4 3 2	倚 於綺 衣彼	酏 移爾 逸尒		[糸+鼻] 興倚 希倚	
紙 合 4 3 2	委 於詭 烏詭	萎 羊捶 喩蘂	蔿 韋委 羽詭	毀 許委 虎委	
旨 開 4 3 2	歖 於几				
旨 合 4 3		唯 以水 喩壘	洧 榮美 羽壘	瞲 火癸 虎委	
止 開 4 3 2	譩 於擬 衣起	以 羊巳 逸里	矣 于紀 移里	喜 虛里 希矣	
尾 合 3	磈 於鬼 烏鬼		韙 于鬼 羽鬼	虺 許偉 虎偉	
尾 開 3	扆 於豈 隱豈			狶 虛豈 顯扆	
語 合 4 3 2	扵 於許 紆舉	與 余呂 余呂		許 虗呂 虛語	
麌 合 4 3 2	傴 於武 紆主	庾 以主 欲乳		詡 況羽 虛羽	
姥 合 1	隖 安古 屋虎			虎 呼古 呼㐅	戶 矦古 胡五
薺 合 4 開 4	㕧 烏弟 乙啟				徯 胡禮 戶禮
蟹 開 2	矮 烏蟹 倚解				蟹 胡買 下矮

見	溪	羣	疑	端	透
	孔 康董 苦桶			董 多動 覩孔	侗 他孔 吐孔
拱 居悚 古勇	恐 丘隴 苦勇	梁 渠隴 巨勇		湩 都鵼 覩孔	
講 古項 皆槳					
椅 居綺 謹倚　枳 居帋 吉倚	綺 墟彼 遣倚　企 丘弭 乞倚	技 渠綺 極螘	螘 魚倚 疑爾		
詭 過委 古委	跪 去委 苦軌　跬 丘弭 酷委	跪 渠委 巨委	硊 魚毀 五詭		
几 居履 基倚		跽 暨几 極矣			
軌 居洧 舉洧　癸 居誄 古水	巋 丘軌 苦委	郈 暨軌 巨委　揆 求癸 巨洧			
紀 居理 基矣	起 墟里 欺矣		擬 魚紀 疑里		
鬼 居偉 古偉					
蟣 居狶 謹扆	豈 袪狶 遣扆		顗 魚豈 疑豈		
舉 居許 居詁	厺 羌據 區語	巨 其呂 局語	語 魚巨 魚呂	貯 丁呂 豬語	
矩 俱雨 居羽	齲 驅雨 區羽	窶 其矩 局羽	麌 虞矩 魚窶		
古 公戶 姑㐅	苦 康杜 枯㐅		㐅 疑古 吳魯	覩 當古 都五	土 他魯 禿五
	啟 康禮 乞體		堄 研啟 疑禮	邸 都禮 低體	體 他禮 梯啟
解 佳買 皆矮	芐 苦蟹 可矮	箉 求蟹			

澄	徹	知	來	泥	定
			嚨 力董 魯孔	⿰多農 奴動 努孔	動 徒總 杜孔
重 直隴 杜勇	寵 丑隴 褚勇	冢 知隴 拄勇	隴 力踵 呂勇		
豸 池尒 直蟻	褫 敕豸 丑倚	⿰扌致 陟侈 展倚	邐 力紙 離蟻		
			累 力委 魯委		
雉 直几 直矣	⿸尸⿱丞木 楮几 敕倚	黹 豬几 知倚	履 力几 離矣		
			壘 力軌 魯洧		
峙 直里 直矣	恥 敕里 敕矣	徵 陟里 知矣	里 良士 離矣	伱 乃里	
佇 直呂 逐語	楮 丑呂 黜語		呂 力舉 力語		
柱 直主 逐羽		拄 知庾 豬羽	縷 力主 閭羽		
			魯 郎古 盧X	怒 奴古 奴X	杜 徒古 獨X
			礼 盧啟 力米	禰 奴礼 泥礼	弟 徒礼 迪礼
廌 宅買 直矮				嬭 奴蟹 伱矮	

左側：切語表·上聲·董腫講紙旨止尾語麌姥薺蟹

禪	審	神	穿	照	娘
尰（時冗、豎勇）			尰（充隴、杵勇）	腫（之隴、主勇）	
是（承紙、豎蟻）	弛（施是、陝倚）	舓（神紙、舌蟻）	侈（尺氏、蚩倚）	紙（諸氏、軫倚）	怩（女氏、尼蟻）
華（時㿃、豎委）				捶（之累、主委）	
視（承矢、石矢）	矢（式視、式倚）			旨（職雉、倚支） 跱（止姊）	柅（女履、尼蟻）
	水（式軌、暑委）				
市（時止、石矢）	始（詩止、式癸）		齒（昌里、蚩矢）	止（諸市、支癸）	
野（承與、蜀語）	暑（舒呂、書語）	紓（神與、蜀語）	杵（昌與、出語）	鬈（章與、朱語）	女（尼古、你語）
豎（臣庚、蜀羽）				主（之庾、朱羽）	

五三

邪	心	從	清	精	日
	先孔 [illegible] 蘇孔			作孔 總 祖孔	
	息拱 悚 胥勇		取勇 愡 取勇	子冢 縱 足勇	隴而 宂 乳勇
	斯氏 徙 思倚		雌氏 此 采紫	將此 紫 咨此	兒氏 爾 而蟻
隨婢 [illegible]	息委 髓 胥委	才捶 惢 族委		即委 觜 祖委	如累 蘂 汝委
徐姊 兕 習矣	息姊 死 思紫			將几 姊 咨此	
		徂累 辠 族壘	千水 趡 取委	遵誄 濢 祖委	如壘 惢
詳里 似 習齒	胥里 枲 思矣			卽里 子 咨此	而止 耳 而矣
徐呂 敘 徐語	私呂 諝 粟語	慈呂 咀 絕語	七與 [illegible] 促語	子與 苴 足語	人渚 汝 如語
	相庾 縃 胥羽	慈庾 聚 絕羽	七庾 取 促羽		而主 乳 如羽
		祖古 粗 族五	采古 蔖 麤五	則古 祖 祖五	
	先禮 洗 息啟	徂禮 薺 集禮	千禮 泚 七啓	子礼 濟 卽啟	

莊	初	牀	疏	邦	滂
				琫 邊孔 補孔	
				綁 巴講 補講	
批 側氏 仄史			躧 所綺 色倚		
	揣 初委 楚委			彼 甫委 卑倚　俾 并弭 筆倚	破 匹靡 品倚　諀 匹婢 劈倚
				鄙 方美 卑倚　匕 卑履 筆倚	嚭 匹鄙 劈倚
滓 阻史 菑史	𠜹 初紀 測史	士 鉏里 事矣　俟 牀史 事矣	史 疎士 色矣		
阻 側呂 菹五	楚 搊舉 初五	齟 牀呂 助五	所 疎舉 疏五		
		䝒 雛禹 助五	數 所矩 疏五		
				補 博古 卜五	普 滂古 頗五
				𢾶 補米 筆啟	顊 匹米 劈啟
			灑 所蟹 史矮		

竝	明	非	敷	奉	微
蓁 蒲蠓 簿孔	蠓 莫孔 姥孔				
	鶶 莫湩 姥孔	覂 方勇 甫勇	捧 敷奉 撫勇	奉 扶隴 父勇	
合 柈 步項 簿講	傋 武項 姥講				
被 皮彼 弼蟻 婢 便俾 并徙	靡 文彼 敏蟻 弭 綿婢 密蟻				
否 符鄙 弼 牝 扶履 矣	美 無鄙 迷矣				
		匪 府尾 府尾	斐 敷尾 敷尾	膹 浮鬼 父尾	尾 無匪 武斐
		甫 方矩 夫武	撫 芳武 敷武	父 扶雨 扶武	武 文甫 無輔
簿 裴古 泊五	姥 莫補 木五				
合 陛 傍禮 弼祇	合 米 莫禮 密禮				

	影	喻	爲	曉	匣
蟹 合 2				㧹 花夥	夥 懷丫 戶拐
駭 開 2	挨 於駭 倚楷				駭 矣楷 下矮
賄 合 1	猥 烏賄 烏悔		倄 于罪 羽餧	賄 呼罪 虎腿	瘣 胡罪 戶餧
海 開 1 合 1	欸 於改 阿海	佁 夷在 乃矣 [illegible] 與改		海 呼改 黑改	亥 胡改 椅乃
軫 開 4 3		引 余忍 矣忍			
軫 合 4 3			殞 于敏 羽窘		
準 合 4 3 2		尹 余準 欲窘		脪 興腎 喜引	
吻 合 3	惲 於粉 於粉		抎 云粉 羽吻		
隱 開 3 2	隱 於謹 倚謹			[illegible] 休謹 喜謹	
阮 合 3	婉 於阮 紆反		遠 雲阮 羽卷	晅 況晚 許遠	
阮 開 3	偃 於幰 倚蹇			幰 虛偃 喜偃	
混 開 1 合 1	穩 烏本 烏袞			緫 虛本 虎穩	混 胡本 戶穩
很 開 1					很 胡懇 荷墾
旱 開 1				罕 呼旱 呵侃	旱 胡笴 荷孄
緩 合 1	椀 烏管 烏管				緩 胡管 戶椀

見	溪	羣	疑	端	透
乖買 𠆤 古買					
	苦駭 楷 可矮		五駭 騃 我駭		
	口猥 䫥 苦悔		五罪 頠 五餧	都罪 䐶 覩腿	吐猥 骽 土悔
古亥 改 歌海	苦亥 愷 可海			多改 等 朶海	他亥 嗿 妥海
居忍 緊 古引			宜引 釿 擬忍		
		渠殞 窘 巨隕			
	丘尹 緊 弃忍 螼 引起				
	丘粉 𧼯 去蘊		魚吻 齳 語粉		
居隱 謹 几隱	丘謹 赾 起隱	其謹 近 技隱	牛謹 听 擬謹		
	去阮 䅚 去遠	求晚 𢍰 巨遠	虞遠 阮 語卷		
居偃 湕 紀偃	去偃 言	其偃 卷 技偃	語偃 言 擬蹇		
古本 鯀 古穩	苦本 閫 苦穩				他袞 畽 土穩
古很 頣 哥墾	康很 懇 可很				
古旱 笴 哥罕	空旱 侃 可罕			多旱 亶 朶罕	他但 坦 妥罕
古滿 管 古椀	苦管 款 苦椀			都管 短 覩椀	吐緩 疃 土椀

定	泥	來	知	徹	澄
					𢴼丈夥
錞徒猥杜餒	餧奴罪弩磊	磥落猥魯餒	鬌陟賄		
駘徒亥惰乃	乃奴亥儺海	釓來改羅乃			
		嶙良忍里引		䡅丑忍恥引	紖直引直引
		綸力準呂隕	屒珍忍	偆癡準褚隕	
囤徒損杜穩	炳乃本弩穩	怨盧本魯穩			
但徒旱惰嬾	攤乃坦弩嬾	嬾落旱羅罕			
斷徒管杜椀	煗乃管弩椀	卵盧管魯椀			

切語表·上聲·蟹駭賄海軫準吻隱阮混很旱緩

禪	審	神	穿	照	娘
			茝 昌紿 差海		
腎 時忍 是忍	弞 式忍 始引			紾 章忍 止引	
	賰 式允	盾 食尹 竪隕	蠢 尺尹 杵隕	準 之尹 圭隕	

日	精	清	從	心	邪
	摧 子罪 祖悔	皠 七罪 取悔	皐 徂賄 祚餧		
疓 如亥	宰 作亥 子海	采 倉宰 此海	在 昨宰 字乃		
忍 而軫 日引	榼 即忍 即引	笉 七忍 七引	盡 慈忍 集引		
毴 而尹 汝 蝡 而允 允				筍 思允 胥允	
	劕 玆損 祖穩	忖 倉本 麤穩	鱒 才本 族穩	損 蘇本 蘇穩	
	鬢 作旱 子罕		瓚 藏旱 字嬾	繖 蘇旱 思罕	
	纂 作管 祖椀			算 蘇管 蘇椀	鄹 辞纂

莊	初	牀	疏	邦	旁
				擺 北買 補矮	
					啡 匹愷 普 普乃 俖 海
[illegible] 仄謹 蓋引	齔 初謹 差隱				
				本 布忖 補穩	栩 普本 普穩
				板 博管 補椀	坢 普伴 普椀

竝	明	非	敷	奉	微
罷 薄蟹 部矮	買 莫蟹 姥矮				
琲 蒲罪 簿餒	浼 武罪 姥餒				
倍 薄亥 簿乃	穤 莫亥 姥乃				
牝 毗忍 陛引	愍 米引 眉殞 泯 密引 武盡				
		粉 方吻 府吻	忿 敷粉 撫吻	憤 房吻 父吻	吻 武粉 武粉
		反 府遠 甫晚		飯 扶晚 父晚	晚 無遠 武遠
獖 蒲本 簿穩	懣 模本 姥穩				
伴 蒲旱 簿捥	滿 母旱 姥捥				

	影	喻	爲	曉	匣
潸 開 2					僩 下赧 諾赧
潸 合 2	綰 烏板 烏板				晥 戶板 戶椀
產 開 2					限 胡簡 諾眼
產 合					
銑 開 4	蝘 於殄 倚顯			顯 呼典 喜偃	峴 胡典 奚演
銑 合 4					泫 胡畎 穴遠
獮 開 4 3	㫃 於蹇 倚蹇	演 以淺 矣遣			
獮 合 4 3 2		兖 以轉 羽犬		蠉 香兖 許遠	
篠 開 4	杳 烏皎 倚曉			鐃 馨皛 喜杳	皛 胡了 奚了
小 開 4 3 合 4 3	夭 於兆 倚 闄 於小 表	鷕 以沼 矣擾			
巧 開 2 合 2	拗 於絞 倚絞				鷽 下巧 奚皦
晧 開 1 合 1	襖 烏晧 阿考			好 呼晧 黑襖	晧 胡老 何老
哿 開 1	閜 烏可 厄可			歌 虛我 黑可	荷 胡可 核我
果 合 1	婐 烏果 烏火			火 呼果 虎果	禍 胡果 戶果

見	溪	羣	疑	端	透
			齴 五板 擬赧		
簡 古限 紀眼	齦 起限 起眼		眼 五限 擬衙		
繭 古典 紀偃	窒 牽繭 起偃		齞 研峴 擬顯	典 多殄 底偃	腆 他典 體偃
く 姑泫 舉遠	犬 苦泫 去遠				
蹇 九輦 紀偃	遣 去演 起演	件 其輦 技偃	齴 魚蹇 擬免		
卷 居轉 舉遠		圈 渠篆 巨 蜎 任兗 遠			
皎 古了 紀杳	磽 苦皎 起杳			鳥 都了 底杳	朓 土了 體杳
矯 居夭 紀夭		驕 巨夭 技援			
絞 古巧 紀巧	巧 苦絞 起絞		齩 五巧 擬卯		
暠 古老 哥襖	考 苦浩 可襖		䫐 五老 我老	倒 都皓 朵襖	討 他浩 妥襖
哿 古我 各我	可 枯我 渴我		我 五可 莪可	嚲 丁可 多可	袉 吐可 他可
果 古火 古火	顆 苦果 苦火		婐 五果 五夥	埵 丁果 覩火	妥 他果 吐火

定	泥	來	知	徹	澄
	赧 奴板 你眼				
殄 徒典 弟演	撚 乃殄 泥演				
		輦 力展 里演	展 知演 知演	搌 丑善 恥演	邅 除善 直演
		臠 力兖 呂遠	轉 陟兖 竹遠		篆 持兖 杜遠
窕 徒了 弟了	嬲 奴鳥 泥了	了 盧鳥 里曉			
		繚 力小 里擾			肇 治小 直擾
	獿 奴巧 你齩		獠 張絞 知絞		
道 徒晧 惰老	堖 奴晧 儺老	老 來晧 魯腦			
爹 徒可 鐸我	櫰 奴可 儺我	㰁 來可 羅我			
墮 徒果 杜夥	㛂 奴果 弩夥	裸 郎果 魯多			

孃	臾	穿	神	審	禪
尼展 趁 你演	旨善 ⿰目善 止演	昌善 闡 齒演		式善 ⿰犭然 始演	常演 善 市演
	旨兖 剸 主遠	昌兖 舛 杵遠			市兖 膞 豎遠
	之少 沼 止夭	尺沼 ⿰麥酋 齒夭		書沼 少 始夭	市沼 紹 市擾

日	精	清	從	心	邪
				銑 蘇典 西偃	
蹨 人善 日演	翦 即淺 即演	淺 七演 七演	踐 慈演 集演	獮 息淺 息演	[illegible] 徐翦 習演
輭 而兗 汝遠	臇 子兗 足遠		雋 徂兗 絕遠	選 思兗 胥遠	
	湫 子了 即曉			篠 先鳥 洗杳	
擾 而沼 耳[illegible]	剿 子小 子小	悄 親小 七小		小 私兆 洗夭	
	早 子晧 子襖	草 采老 此襖	皁 昨早 字老	嫂 蘇老 思襖	
	左 臧可 子可	瑳 千可 此左		縒 蘇可 思左	
	岩 作可 租火	脞 倉果 取火	坐 徂果 族夥	鎖 蘇果 蘇火	

莊	初	牀	疏	邦	滂
			數板 潸 史赧		
側板 醡 阻皖	初板 㹽	士板 𪘲 雛皖 撰 助 莞		布綰 版 補梡	普板 販 普版
阻限 醆 阻眼	初限 剗 楚眼	仕限 棧 乍眼	所簡 產 史簡		
	初綰 㦃				
				方典 編 彼偃	
		士免 撰 乍演		方緬 褊 方免 辡 筆演 彼演	被免 鴘 披演
				陂矯 表 方小 標 小彼 小筆	滂表 麃 敷沼 縹 表披 小劈
側絞 爪 側絞	初爪 煼 楚爪	士絞 䰈 乍齩	山巧 數 史巧	博巧 飽 補巧	
				博抱 寶 補襖	
				布火 跛 補火	普火 叵 普火

竝	明	非	敷	奉	微
扶板 阪 簿椀	武板 矕 姥椀				
	武簡 䰰				
薄泫 辮 弼演	彌紾 㨠 米演				
符蹇 辯 陛演	亡辨 免 米　彌兗 緬 演				
小表 藨 陛擾　符小 標 弼陵	亡沼 眇 米[illegible]				
薄巧 鮑 簿齩	莫飽 卯 姥齩				
薄浩 抱 簿老	武道 楙 姥老				
捕可 爸 簿夥	亡果 麼 姥夥				

	影	喻	爲	曉	匣
馬 開2	啞 烏下 倚檟			閜 許下 喜啞	下 胡雅 諧雅
馬 合2					踝 胡瓦 戶瓦
馬 開3 合14		野 羊者 奚者			
養 開34	鞅 於兩 倚響	養 餘兩 奚兩		響 許兩 喜養	
養 合23	枉 紆往 紆怳		往 于兩 羽怳	怳 許昉 許往	
蕩 開1 合2	坱 烏朗 倚黨			汻 呼朗 黑黨	沆 胡朗 荷朗
蕩 合1	汪 烏晃 烏廣			慌 呼晃 虎廣	晃 胡廣 戶廣
蕩 開2					杏 何梗 荷冷
梗 合2					
梗 開3	影 於丙 倚警				
梗 合3	甇 烏猛 紆隴		永 于憬 羽隴	𧯄 許永 許永	卝 乎警 穴永
耿 開2 合2					幸 胡耿 荷耿
靜 開4	癭 於郢 乙井	郢 以整 奚頃			
靜 合4		潁 餘頃 餘頃			

見	溪	羣	疑	端	透
檟 古疋 皆啞	跒 苦下 起啞		雅 五下 擬馬	觰 都買	
寡 古瓦 古瓦	髁 苦瓦 苦瓦		瓦 五寡 五寡		
繈 居兩 紀養		勥 其兩 技養	仰 魚兩 擬兩		
獷 居往 舉；[illegible] 俱往 枉		[illegible] 求往 巨往			
䡶 各朗 各黨	慷 苦朗 可黨		[illegible] 五朗 我朗	黨 多朗 朶[illegible]	曭 他朗 妥黨
廣 古晃 古懭	懬 丘晃 苦廣				
梗 古杏 歌冷					
礦 古猛 古孔	[illegible] 苦礦 苦[illegible]				
警 居影 紀影				打 德冷 德冷	
憬 俱永 舉永					
耿 古幸 歌冷					
頸 居郢 紀郢		痙 巨郢 技郢			
	頃 去穎 去永				

定	泥	來	知	徹	澄
	䋈 奴下 你雅	藞 盧下 羅雅	縿 竹下 知啞	奼 丑下 恥啞	
				䅊 丑寡 楮寡	
		兩 良奘 里養	長 知丈 知養	昶 丑兩 恥養	丈 直兩 直養
蕩 徒朗 惰朗	曩 奴朗 儺朗	朗 盧黨 羅莽			
	檸 拏梗 你冷		盯 張梗 知梗		
		冷 魯打 羅猛			
		領 良郢 里郢		逞 丑郢 恥郢	徎 丈井 直郢

娘	照	穿	神	審	禪
	者 章也 止野	奲 昌者 齒者		捨 書冶 始野	社 常者 市野
	掌 諸兩 止養	敞 昌兩 齒養		賞 書兩 始養	上 時掌 市養
		整 之郢 止郢			

日	精	清	從	心	邪
人者 若 日野	鉾瓦子 狙 茲野 姐 野	七也 且 七也		悉姐 寫 洗野	徐野 灺 習野
如兩 壤 汝養	即兩 獎 即養	七兩 搶 此養		息兩 想 洗養	徐兩 像 習養
	子朗 駔 子黨	麤朗 蒼 此黨	徂朗 奘 字朗	蘇朗 顙 思黨	
	子郢 井 子郢	七靜 請 七郢	疾郢 靜 疾郢	息井 省 洗郢	

滂	邦	疏	牀	初	莊
		灑 砂下 史啞	槎 士下 乍雅		鮓 側下 葅啞
	把 博下 補啞	葰 沙瓦 所瓦		磋 叉瓦 楚瓦	
		爽 疏兩 所養		磢 初兩 楚 類 初丈 養	
髈 匹朗 普黨	榜 北朗 補黨				
	浜 布梗 補耿	省 所景 史梗			
	丙 兵永 彼影				
皏 普幸 普耿					
	餅 必郢 彼郢				

微	奉	敷	非	明	竝
				馬 莫下 姥雅	跁 傍下 步雅
				乜 彌也 米野	
网 文兩 武紡	[illegible] 毗養	髣 妃兩 撫罔	昉 分网 甫罔		
				莽 模朗 母朗	
				猛 莫杏 姥冷	鮩 蒲猛 簿耿
				皿 武永 米影	
				䁅 武幸 母耿	傡 蒲幸 簿耿
				眳 亡井 米郢	

	影	喻	爲	曉	匣
迥 開4	嫈 烟涬 倚頂				婞 胡頂 奚郢
迵 合4	濙 烏迥 紆隴			詗 火迥 許永	迥 戶頂 穴永
拯 開32 3 合3					
等 開1					
等 合1					
有 開432 合3	颵 於柳 倚九	酉 與九 矣九	有 云久 矣柳	朽 許久 喜有	
厚 開1 合	歐 烏后 阿苟			吼 呼后 呵毆	厚 胡口 荷藕
黝 開4	黝 於糾 乙九				
寑 開432 合3	飲 於錦 倚錦	潭 以荏 矣廩		廞 許錦 喜飲	
感 開1	晻 烏感 阿感			顑 呼唵 呵坎	頷 胡感 荷坎
敢 開1 合1	埯 烏敢 阿感			㺂 呼覽 呵敢	
琰 開3 合34	奄 衣檢 倚檢 黶 於琰 乙檢	琰 以冉 矣斂		險 虛檢 喜掩	
忝 開4 合3					鼸 胡忝 奚掩
儼 開3	埯 於广 倚檢				

見	溪	羣	疑	端	透
古廷 剄 紀影	去挺 謦 起影		五頸 脛 擬挺	都挺 頂 底影	他鼎 珽 體影
古迥 熲 舉永	口迥 褧 去永				
		其拯 殑 技郢			
	苦等 肎 可等			多肎 等 得梗	
舉有 久 紀有	去久 糗 起有	其九 舅 技有			
古厚 苟 歌毆	苦后 口 可毆		五口 藕 我苟	當口 斗 朵毆	天口 黈 妥毆
居黝 糾 紀酉		渠黝 蟉 極酉			
居飲 錦 紀飲	邱甚 坅 起飲	渠飲 噤 技飲	牛錦 僸 擬廩		
古禫 感 歌坎	苦感 坎 可感		五感 顉 我坎	都感 黕 朵感	他感 襑 他感
古覽 敢 哥膽	口敢 厰			都敢 膽 朵敢	土敢 菼 妥噉
居奄 檢 紀掩	丘檢 顩 起 謙琰 脥 掩	巨險 儉 技掩	魚檢 顩 擬儉		
兼玷 [illegible] 紀掩	苦簟 嗛 起掩			多忝 點 底掩	玷他 忝 體掩
	丘广 欿 起掩		魚掩 儼 擬儉		

澄	徹	知	來	泥	定
			笭 力鼎 里郢	𩕄 乃挺 你郢	挺 徒鼎 第郢
	庱 丑拯 恥影				
				能 奴等 儺等	
紂 除柳 直有	丑 敕久 恥有	肘 陟柳 知有	柳 力久 里有		
			塿 郎斗 羅藕	㝅 乃后 儺偶	榆 徒口 惰偶
朕 直稔 直飲	踸 丑甚 恥飲	戡 張甚 知飲	廩 力稔 里飲		
			壈 盧感 羅感	腩 奴感 儺坎	禫 徒感 惰感
			覽 盧敢 羅敢		噉 徒敢 惰覽
	諂 丑琰 恥掩		斂 良冉 里冉		
			稴 力忝 里掩	淰 乃玷 泥掩	簟 徒玷 弟掩

孃	㚇	穿	神	審	禪
	拯 廾影 拯廣集二韻無切音烝上聲				
狃 女久 你有	帚 之九 止有	醜 昌九 齒有		首 書九 始有	受 殖酉 市酉
拰 尼凜 你飲	枕 章荏 止飲	瀋 昌枕 齒飲	葚 食稔 食飲	審 式荏 始飲	甚 常枕 市飲
				灛 賞敢	
	颭 占琰 止掩			陝 失冉 始掩	剡 時染 市染

日	精	清	從	心	邪
			汫（徂醒，集郢）	醒（蘇挺，洗影）	
蹂（人久，日[illegible]）	酒（子酉，即酉）		湫（在九，集酉）	滫（息有，息有）	
	走（子苟，子毆）	趣（蒼苟，此毆）		叟（蘇后，思毆）	
荏（如甚，日飲）	䣟（子朕，即飲）	寑（七稔，七飲）	蕈（慈荏，集飲）	罧（斯甚，思飲）	
	昝（子感，子感）	慘（七感，此坎）	歜（徂感，字感）	糂（桑感，思感）	
	暫（子敢）	黲（倉敢，此坎）	槧（才敢，字覽）		
冄（而琰，日掩）	漸（子冄，即掩）	憸（七漸，七掩）	漸（慈染，集掩）		
		憯（青忝，七掩）			

莊	初	牀	疏	邦	滂
				鞞 補鼎 彼影	頩 匹迥 披影
			殅 色庱 史梗		
					倗 普等 普等
掫 側九 菑毆	⿰革取 初九 差毆	⿰木聚 士九 乍偶	溲 踈有 史毆		
		鯫 仕垢 字藕		⿰扌保 方垢 補毆	剖 普后 普毆
	墋 初朕 差飲		⿸疒辛 疏錦 史飲	稟 筆錦 彼飲	品 不飲 不飲
				貶 方斂 彼掩	

竝	明	非	敷	奉	微
蒲迥 竝 陛[illegible]	莫迥 茗 米[illegible]				
		方久 缶 甫有	芳否 怌 撫 秠 芳婦 有	房久 婦 附有	
蒲口 部 泊藕	莫厚 母 模藕				
	謨收 媌 姥[illegible]				
	明忝 [illegible] 米掩				

附切語考證

四十七寑沈式任切案唐寫本切韻任作稔鍇本說文作荏廣韻誤

	影	喩	爲	曉	匣
豏 開2	黯 乙減 乙減			闞 火斬 呵斬	豏 下斬 荷減
檻 開2	黤 於檻 倚喊			㺌 荒檻 呵減	檻 胡黤 荷賺
范 合3					

透	端	疑	羣	溪	見
				尿 苦減 楷淢	鹼 古斬 皆喊
				顑 丘檻	
				凵 丘犯 起掩	

定	泥	來	知	徹	澄
		臉 力減 羅減		僴 丑減 恥減	湛 徒減 直減
				[illegible] 丑犯 恥掩	

娘	炵	穿	神	審	禪
女減 价喊					

日	精	清	從	心	邪

旁	邦	疏	牀	初	莊
		所斬摻史喊	士減瀺乍喊	初減𦢊差喊	側減斬菑喊
		山檻摲史喊	仕檻巉乍喊	初檻醶差喊	

竝	明	非	敷	奉	微
		府范 腇 甫喊	峯犯 釩 撫喊	防鋄 范 附覽	亡范 鋄 武覽

韻	影	喻	爲	曉	匣
送 合1	甕 烏貢／烏貢			烘 呼貢／虎甕	哄 胡貢／戶甕
送 合23				⿰足臭 香仲／許用	
宋 合開 1 1					⿰石宮 乎宋／戶甕
用 合開 343	雍 於用／紆俸	用 余頌／喻俸			
絳 合開 2 2					巷 胡絳／戶絳
寘 開432	倚 於義／衣戲　縊 於賜／乙寄	易 以豉／逸胃		戲 香義／喜義	
寘 合43	餧 於僞／烏睡　恚 於避／郁睡	瓗 以睡／欲睡	爲 于僞／喻睡	孈 呼恚／忽僞　毀 況僞／虎僞	
至 開43	懿 乙冀／乙冀	肄 羊至／逸利		豷 許位／虛器　齂 喜肆	
至 合432		遺 以醉／欲類	位 于愧／喻類	侐 火季／香季　瞲 忽位	
志 合432	意 於記／衣記	異 羊吏／逸吏		憙 許記／喜異	
未 開3	衣 於既／倚既			欷 許既／喜毅	
未 合3	尉 於胃／烏貴		胃 于貴／于貴	諱 許貴／虎畏	
御 合432	飫 依倨／郁據	豫 羊洳／余遽		嘘 許御／許豫	

見	溪	羣	疑	端	透
貢 古送 固甕	控 苦貢 庫甕			凍 多貢 妒甕	痛 他貢 兔甕
	焪 去仲 去用				
					統 他綜 兔甕
供 居用 固用	恐 區用 庫用	共 渠用 遽用			
絳 古巷 記巷					
寄 居義 紀義；馶 居企 吉義	[illegible] 卿義；企 去智 遣乞	芰 奇寄 極義	議 宜寄 疑冒		
[illegible] 詭僞 僞固；瞡 規恚 僞谷	觖 窺瑞 酷僞		僞 危睡 五睡		
冀 几利 紀肆	器 去冀 肆起；弃 詰利 肆乞	暨 具冀 極肆	劓 魚器 疑利		
媿 俱位 位固；季 居悸 位谷	喟 丘愧 庫位	匱 求位 位巨；悸 其季 位局			
記 居吏 紀異	亟 去吏 起異	忌 渠記 極異	[illegible] 魚記 疑忌		
既 居未 紀毅	气 去既 起毅	[illegible] 其既 極毅	毅 魚既 疑既		
貴 居胃 固畏	[illegible] 丘畏 庫畏		魏 魚貴 誤貴		
據 居御 舉豫	[illegible] 丘倨 曲豫	遽 其據 局豫	御 牛倨 魚遽		

澄	徹	知	來	泥	定
			弄 盧貢 路甕	齈 奴凍 怒甕	洞 徒弄 渡甕
仲 直衆 杜用		中 陟仲 竹用			
重 杜用 杜用	蹱 丑用 褚用	湩 竹用 竹用	贚 良用 路用		
幢 直絳 杜巷	惷 丑降 褚降	戇 陟降 竹絳			
		智 知義 知義	詈 力智 里義		
縋 馳僞 逐僞		娷 竹恚 竹僞	累 良僞 路僞		
緻 直利 直肄	屎 丑利 恥肄	致 陟利 知肄	利 力至 里肄		地 徒四 迪肄
墜 直類 逐位		轛 追萃 竹位	類 力遂 路位		
值 直吏 直異	眙 丑吏 恥異	置 陟吏 知異	吏 力置 里異		
箸 遲倨 逐豫	絮 抽據 黜豫	著 陟慮 竹豫	慮 良倨 呂豫		

娘	照	穿	神	審	禪
	之仲 眾 注用	充仲 銃 處用			
	之用 種 注用				
	支義 寘 支義	充豉 ⿰多阝 齒義		施智 翅 式義	是義 豉 石義
女恚 諉 女僞	之瑞 惴 朱僞	尺僞 吹 處僞			是僞 睡 樹僞
女利 膩 你肆	脂利 至 止肆	充至 痓 齒肆	神至 示 舌肆	矢利 屍	常利 嗜 石肆
		尺類 出 處位		釋類 ⿰丬水 恕位	
	職吏 志 止異	昌志 熾 齒異		式吏 試 式異	時吏 侍 石異
尼據 女 你豫	章恕 翥 朱豫	昌據 處 穿豫		商署 恕 暑豫	常恕 署 蜀豫

日	精	清	從	心	邪
	稯 作弄 作甕	謥 千弄 措甕	⿰聚攴 徂送 祚甕	送 蘇弄 素甕	
		趥 子仲			
	綜 子宋 作甕			宋 蘇統 素甕	
⿰革茸 而用 汝用 ⿰扌戊 濃用	縱 子用 足用		從 疾用 聚用		頌 似用 敘用
	積 子智 子縊	刺 七賜 七賜	漬 疾智 集義	賜 斯義 思刺	
枘 而瑞 汝僞				⿰禾委 思累 素僞	
二 而至 耳肆	恣 咨四 咨四	次 七四 七四	自 疾二 賊次	四 息利 思次	
	醉 將遂 作位	翠 七醉 措位	萃 秦醉 祚位	邃 雖遂 素位	遂 徐醉 敘位
餌 仍吏 耳異		蛓 七吏 七賜	字 疾置 賊寺	笥 相吏 思字	寺 詳吏 習字
茹 人恕 汝豫	怚 將預 將豫	覷 七慮 取豫		絮 息據 胥豫	⿸尸侯 徐預

莊	初	牀	疏	邦	滂
		⿰崇刂 仕仲 助塹			
	⿰耒㚇 楚絳 楚巷	漴 士降 助巷	淙 色絳 史絳		胖 匹絳 譬絳
⿱此衣 爭義 菑義			屣 所寄 師義		
				賁 彼義 卑義 義彼　臂 義筆	譬 匹賜 披義 義劈　帔 義披
	⿰差皮 楚愧				
			帥 所類 所位	祕 兵媚 必至 肄彼　畀 肄筆	屁 匹寐 匹備 肄劈　濞 肄披
胾 側吏 仄異	廁 初吏 測異	事 鉏吏 仕異	駛 疏吏 師異		
詛 莊助 阻誤	楚 瘡據 初誤	助 牀據 乍誤	疏 所去 朔誤		

並	明	非	敷	奉	微
	幏 莫弄 暮甕				
		諷 方鳳 付甕	賵 撫鳳 敷甕	鳳 馮貢 附甕	
	雺 莫綜 暮甕				
			葑 芳用 付甕	俸 扶用 附甕	
髲 平義 並義　避 毗義 䢍義					
備 平祕 並肄　鼻 毗至 䢍肄	媚 明祕 米肄　寐 彌二 密肄				
		沸 方味 付畏	費 芳未 敷畏	[illegible] 扶沸 附胃	未 無沸 物貴

	影	喻	爲	曉	匣
遇 合 432	嫗 衣遇 郁據	裕 羊戍 羽遽	芋 王遇 余遽	煦 香句 許裕	
暮 合 1	汙 烏路 烏故			謼 荒故 虎誤	護 胡誤 胡誤
霽 開 4	翳 於計 壹計			欪 呼計 喜藝	蒵 胡計 檄詣
霽 合 4				嘒 呼惠 虎衞	慧 胡桂 戶衞
祭 開 32	緆 於罽 倚例	曳 餘制 移袂			
祭 合 32		銳 以芮 喻歲	衞 于歲 喻贅	[illegible] 呼吠	
泰 開 1	藹 於蓋 阿蓋			餀 呼艾 黑艾	害 胡蓋 荷艾
泰 合 1	薈 烏外 烏會			[illegible] 呼會 虎最	會 黃外 戶最
卦 開 2	隘 烏懈 倚賣			謑 火懈 喜隘	邂 胡懈 系隘
卦 合 2				諣 呼卦 虎派	畫 胡卦 戶卦
怪 開 2	噫 烏介 倚戒			譮 許介 喜隘	械 胡介 系隘
怪 合 2				[illegible] 火怪 虎怪	壞 胡怪 戶怪
夬 開 2	喝 於犗 倚戒			[illegible] 火犗 喜隘	[illegible] 何犗
夬 合 2	[illegible] 烏快 烏快			咶 火夬	話 下快 戶卦

見	溪	羣	疑	端	透
屨 九遇 舉裕	驅 區遇 區裕	懼 其遇 局裕	遇 牛具 魚懼		
顧 古暮 古誤	絝 苦故 苦誤		誤 五故 五路	妒 當故 篤誤	兔 湯故 禿誤
計 古詣 吉詣	契 苦計 起詣		詣 五計 擬麗	帝 都計 底詣	替 他計 體詣
桂 古惠 固衞					
猘 居列 紀藝	憩 去例 起藝	偈 其憩 極藝	劓 牛例 擬例　藝 魚祭 擬列		
劌 居衞 固衞	[illegible] 丘吠				
蓋 古太 箇艾	磕 苦蓋 可艾		艾 五蓋 餓蓋	帶 當蓋 朵艾	泰 他蓋 託艾
儈 古外 固外	[illegible] 苦會 庫會		外 五會 誤會	祋 丁外 妒會	娧 他外 兔會
懈 古隘 皆隘			睚 五懈 義賣		
卦 古賣 固賣	[illegible] 苦賣 器隘				
誡 古拜 皆隘	烗 苦戒 器隘		[illegible] 五介 義戒		
怪 古壞 固怪	蒯 苦怪 庫怪		聵 五怪 誤壞		
犗 古喝 皆隘					
夬 古賣 固快	快 苦夬 庫邁				

定	泥	來	知	徹	澄
		屢 浪遇 呂裕	註 中句 竹裕	⿵門主 丑注 黜裕	住 持遇 逐裕
渡 徒故 獨誤	笯 乃故 努誤	路 洛故 魯誤			
第 特計 迪詣	泥 奴計 溺詣	麗 郎計 里詣		遾 丑戾	
		例 力制 里藝	⿸疒帶 竹例 知藝	跇 丑列 恥藝	滯 直例 直藝
			綴 陟衞 竹衞		⿰金⿱⺮冏 除芮 逐衞
大 徒蓋 鐸艾	柰 奴帶 諾艾	賴 落蓋 羅艾			
兌 杜外 渡會		酹 郎外 路會			
			膪 竹賣		
				顡 他怪 黜壞	
				蠆 丑犗 恥隘	⿰臭柰 除邁 直隘

娘	照	穿	神	審	禪
	注 之戍 朱裕			戍 傷遇 署裕	樹 常句 殊裕
	制 征例 職藝	掣 尺制 尺藝		世 舒制 式藝	逝 時制 石藝
	贅 之芮 汴衞	毳 楚稅 杵衞		稅 舒芮 署衞	啜 嘗芮 樹衞
褹 女介 膩隘					

日	精	清	從	心	邪
孺 而遇 汝裕	緅 子句 祖裕	娶 七句 促裕	聚 才句 族裕	⿰甚少 思句 胥裕	
	作 臧祚 祖誤	厝 倉故 麤誤	祚 昨誤 族誤	訴 桑故 速誤	
	霽 子計 即詣	砌 七計 七詣	嚌 在詣 集詣	細 蘇計 息詣	
	祭 子例 即藝				
芮 而銳 汝衞	蕝 子芮 足銳	毳 此芮 促銳		歲 相銳 須銳	篲 祥歲 敍銳
		蔡 倉大 次艾			
	最 祖外 作會	⿰白最 七外 襊 粹最 措會	蕞 才外 祚會	⿰石最 先外 素會	
		啐 蒼夬			

莊	初	牀	疏	邦	滂
	菆 芻注 初誤		捒 色句 朔誤		
				布 博故 補誤	怖 普故 普誤
				閉 博計 筆詣	媲 匹詣 劈詣
			⿰山祭 所例		
			⿰口率 山芮	蔽 必袂 筆藝	潎 匹蔽 劈藝
				貝 博蓋 布霈	霈 普蓋 破貝
債 側賣 滓隘	差 楚解 測隘	⿸疒柴 士解 乍隘	曬 所賣 史隘		
				庍 方卦 補賣 嶭 布隘	派 匹卦 破賣
瘵 側界 滓械			鎩 所拜 所壞		
				拜 博怪 布怪	湃 普怪 破怪
	嘬 楚夬 楚快	寨 犲夬 乍隘	喢 所犗		
				敗 北邁 布怪	

並	明	非	敷	奉	微
		付 方遇 夫務	赴 芳遇 敷務	附 符遇 扶務	務 亡遇 無附
捕 薄故 泊誤	暮 莫故 姥誤				
薜 蒲計 弼詣	謎 莫計 米詣				
弊 毗祭 弼藝	袂 彌弊 米藝				
旆 蒲蓋 步霈	眛 莫貝 暮旆				
粺 傍卦 步賣	賣 莫懈 暮隘				
憊 蒲拜 步壞	韎 莫拜 暮壞				
唄 薄邁 簿邁	邁 莫話 暮敗				

附切語攷證

八未　䨽扶涕切案王仁煦本切韻唐寫本唐韻鍇本說文涕作沸此誤

十三祭　陳澧云㚜丘吠切䂋呼吠切吠字在二十廢此廢韻增加字誤入此韻集韻㚜䂋在廢韻可證也

	影	喩	爲	曉	匣
隊 合1	[illegible] 烏繢 烏誨			誨 荒內 虎對	蚚 胡翟 潰 胡對 戶內
代 開1 合1	㤅 烏代 阿槩			儗 海愛 黑愛	灈 胡慨 荷礙
廢 合3	穢 於廢 烏喙			喙 許穢 虎穢	
震 開 4 3 2	印 於刃 乙晉	胤 羊晉 異刃		釁 許覲 喜印	
震 合4					
稕 合 4 3					
問 合3	醖 於問 郁訓		運 王問 喩郡	訓 許運 許運	
焮 開3	㥯 於靳 倚靳			焮 香靳 喜靳	
願 合3	怨 於願 郁勸		遠 于願 喩勸	楥 虛願 許怨	
願 開3	堰 於建 倚建			獻 許建 喜堰	
慁 合1	搵 烏困 烏困			惛 呼悶 虎困	慁 胡困 戶困
恨 開1	[illegible] 烏恨 阿艮			恨 胡艮 戶艮	
翰 開1	按 烏旰 阿漢			漢 呼旰 黑按	翰 侯旰 荷岸
換 合1	惋 烏貫 烏貫			喚 火貫 虎玩	換 胡玩 戶玩

見	溪	羣	疑	端	透
憒 古對 固誨	塊 苦對 庫誨		磑 五對 誤隊	對 都隊 妬誨	退 他內 兎誨
溉 古代 箇愛	慨 苦蓋 可愛		礙 五溉 餓耐	戴 都代 朶愛	貸 他代 妥愛
		𧗿 渠穢 遽穢	刈 魚肺 誤肺		
	螼 羌印 菣 去刃 印起	僅 渠遴 忌印	憖 魚覲 義覲		
吻 九峻 據韻					
捃 居運 據運		郡 渠運 遽運			
靳 居焮 肥印		近 巨靳 忌印	垽 吾靳 義近		
絭 居願 據怨	券 去願 去怨	圈 臼万 具願	願 魚怨 遇勸		
建 居万 肥堰		健 渠建 忌堰	甗 語堰 義健		
睔 古困 固困	困 苦悶 庫悶		顐 五困 誤悶	頓 都困 妬困	
艮 古恨 箇恨			皚 五恨 餓恨		
旰 古案 箇按	侃 苦旰 可按		岸 五旰 餓翰	旦 得按 得按	炭 他旦 妥按
貫 古玩 固玩	鏉 口喚 庫玩		玩 五換 誤換	鍛 丁貫 妬玩	彖 通貫 兎玩

定	泥	來	知	徹	澄
隊 徒對 渡內	內 奴對 怒隊	頪 盧對 路內			
代 徒耐 渡礙	耐 奴代 諾礙	賚 洛代 勒礙			
		遴 良刃 吏印	鎮 陟刃 智印	疢 丑刃 恥印	陣 直刃 稚印
鈍 徒困 渡悶	嫩 奴困 怒悶	論 盧困 路悶			
憚 徒案 渡岸	儺 奴案 諾按	爛 郎旰 勒岸			
段 徒玩 渡玩	偄 奴亂 怒玩	亂 郎段 路玩			

禪	審	神	穿	照	娘
時刃 慎 侍印	式刃 眒 試印			章刃 震 至印	
食閏 順 樹韵	舒閏 舜 恕韵			之閏 稕 注韵	
			叉万 篡 楚怨		

邪	心	從	清	精	日
	碎 蘇內 素誨		倅 七內 措誨	晬 子對 作誨	
	塞 先代 四愛	載 昨代 字礙	菜 倉代 次愛	載 昨代 子愛	
賮 徐刃 習印	信 息晉 細印		親 七遴 砌印	晉 即刃 即印	刃 而振 日印
徇 詞閏 敘韻	峻 私閏 粟韻			俊 子徇 作韻	閏 如順 孺韻
	巽 蘇困 素困	鐏 徂悶 祚悶	寸 倉困 措困	焌 子寸 作困	
	繖 蘇旰 四案	㜊 徂贊 字岸	粲 蒼案 次按	贊 則旰 恣按	
	算 蘇貫 素玩	攢 在玩 祚玩	竄 七亂 措玩	纘 子算 作困	

滂	邦	疏	牀	初	莊
配 佩 破誨	背 補妹 布誨				
				櫬 初覲 差印	
𣎳 匹刃 譬印	儐 必刃 臂印				
噴 普悶 破困	奔 甫悶 布困				
判 普半 破玩	半 博慢 布玩				

微	奉	敷	非	明	竝
				妹 莫佩 暮佩	佩 蒲昧 步妹
				䆀 莫代 暮礙	
	吠 符廢 附穢	肺 芳廢 赴穢	廢 方肺 付穢		
問 亡運 務奮	分 扶問 附問	湓 匹問 赴問	糞 方問 付問		
萬 無販 務飯	飯 符萬 附萬	嬎 芳萬 赴萬	販 方願 付萬		
				悶 莫困 暮困	坌 蒲悶 步悶
				縵 莫半 暮玩	叛 薄半 步玩

附切語攷證

十九代　概苦蓋切　案王仁煦切韻蓋作愛唐韻作摡廣韻誤

二十九緩　半博慢切　陳澧云廣韻諸本誤慢字在三十諫今從徐鉉作幔案王仁煦切韻唐寫本唐韻俱作漫

	影	喻	爲	曉	匣
諫 開 2	晏 烏澗 倚諫				骭 下晏 檄鴈
諫 合 2	綰 烏患 烏慣				患 胡慣 戶慣
襇 開 2					莧 侯襇 檄鴈
襇 合 2					幻 胡辨 戶慣
霰 開 4	宴 烏甸 乙見			韅 呼甸 喜宴	見 胡甸 系硯
霰 合 4	餶 烏縣 郁絹			絢 許縣 許院	縣 黃練 穴院
線 開 4 3	躽 於扇 倚扇		衍 于線 異賤		
線 合 432		掾 以絹 欲倦	援 王眷 喻倦		
嘯 開 4	窔 烏叫 一叫			歗 火弔 喜要	
笑 開 3 合 4 34	要 於笑 一笑		燿 弋照 異妙		
效 開 3 合 2	靿 於教 倚教			孝 呼教 喜教	效 胡教 系貌
號 開 1 合 1	奧 烏到 阿誥			耗 呼到 黑奧	號 胡到 荷傲
箇 開 1	侉 安賀 安賀			呵 呼箇 黑餓	賀 胡箇 核餓
過 合 1	涴 烏臥 烏貨			貨 呼臥 虎臥	和 胡臥 戶臥

見	溪	羣	疑	端	透
諫 古晏 記晏			鴈 五晏 義諫		
慣 古患 固患			薍 五患 誤患		
襉 古莧 紀晏					
鰥 古幻 固幻					
見 古電 記宴	俔 苦甸 器宴		硯 吾甸 義現	殿 都甸 底宴	瑱 他甸 替宴
睊 古縣 㨿院					
	譴 去戰 器宴		彥 魚變 義戰		
眷 居倦 㨿院　絹 吉掾 菊院	䊆 區倦 去院	倦 渠眷 遽院			
叫 古弔 記要	竅 苦弔 器要		顤 五弔 義料	弔 多嘯 底要	糶 他弔 替要
	趬 丘召 器要	嶠 渠廟 技耀　翹 巨要 忌耀	虤 牛召 義[illegible]		
教 古孝 戒孝	敲 苦敎 器孝		樂 五敎 義效		
誥 古到 箇奧	犒 苦到 可奧		傲 五到 餓號	到 都導 朶奧	
箇 古賀 各餓	坷 口箇 渴餓		餓 五个 我賀	跢 丁佐 朶餓	拖 吐邏 妥餓
過 古臥 固臥	課 苦臥 庫臥		臥 吾貨 誤貨	桗 都唾 妬臥	唾 湯臥 兎臥

定	泥	來	知	徹	澄
				㞘 丑晏	
					綻 丈莧 雅鴈
電 堂練 第硯	晛 奴甸 溺硯	練 郎甸 吏硯			
		⿸疒連 連彥 吏堰	驙 陟扇 智堰		邅 持碾 稚彥
		戀 力倦 盧院	囀 知戀 竹院	猭 丑戀 黜院	傳 直戀 逐院
藋 徒弔 第耀	尿 奴弔 溺耀	顤 力弔 吏耀			
		尞 力照 吏耀		朓 丑召 恥要	召 直照 稚要
			罩 都教 智孝	趠 丑教 恥孝	棹 直教 稚效
導 徒到 惰傲	腝 那到 諾傲	嫪 郎到 勒傲			
馱 唐佐 鐸餓	奈 奴箇 諾餓	邏 郎佐 勒餓			
惰 徒臥 渡臥	愞 乃臥 怒臥	𩑔 魯過 路臥			

娘	照	穿	神	審	禪
奻 女患					
輾 女箭 膩彥	戰 之膳 至堰	硟 昌戰 熾堰		扇 式戰 試堰	繕 時戰 侍彥
	剸 之囀 注院	釧 尺絹 處院			捵 時釧 樹院
	照 之少 至要			少 失照 試要	卲 寔照 侍耀
橈 奴教 膩效					

邪	心	從	清	精	日
	霰 蘇甸 細宴	荐 在甸 集硯	蒨 倉甸 砌宴	薦 作甸 郎宴	
羨 似面 習彥	線 私箭 細堰	賤 才線 集彥		箭 子賤 郎彥	
漩 辝戀 敘院	選 息絹 胥院		縓 七絹 取院		瞑 人絹 儒院
	嘯 蘇弔 細要				
	笑 私妙 細要	噍 才笑 劑耀	陗 七肖 砌要	醮 子肖 恣要	饒 人要 日耀
	喿 蘇到 四奧	漕 在到 字傲	操 七到 次奧	竈 則到 恣奧	
	些 蘇箇 四餓		磋 七過 次餓	佐 則箇 子餓	
	膹 先臥 素臥	坐 徂臥 祚臥	錯 七過 措 剉 麤臥 臥	挫 則臥 祖臥	

莊	初	牀	疏	邦	滂
	羼 初雁 差晏	棧 士諫 乍膸	訕 所晏 史晏		
	篡 初患 楚患		孿 生患 史患		襻 普患 破患
				扮 晡幻 布晏	盼 匹莧 破晏
					片 普麪 譬宴
				徧 方見 臂晏	
孨 莊眷		籑 士戀 助院	[illegible] 所眷 數院	變 彼眷 臂院	騙 匹戰 譬彥
				裱 方廟 彼要	剽 匹妙 譬要
抓 則教 滓孝	抄 初教 差孝	巢 士稍 乍教	稍 所教 史教	豹 北教 布孝	奅 匹皃 破孝
				報 博秏 布奥	
				播 補過 布臥	破 普過 普臥

微	奉	敷	非	明	竝
				慢 謨晏 暮晏	
				蔄 亡患 暮鴈	瓣 蒲莧 步鴈
				麪 莫甸 密硯	
				面 彌弁 密彥	卞 皮變 避彥　便 婢面 避面
				廟 眉召 米耀　妙 彌笑 寐耀	驃 毗召 避耀
	靤 防教 步效			貌 莫教 莫效	
				冃 莫到 暮傲	暴 蒲報 泊傲
				磨 摸臥 暮臥	縛 符臥 步臥

附切語攷證

三十二霰　縣黄練切王仁煦本切韻錯本說文練作絢此誤

三十三線　徧方見切王本切韻遍博見反唐韻博燕反俱在霰韻麪紐上此誤

	影	喻	爲	曉	匣
禡 開2	亞 衣嫁 倚駕			嚇 呼訝 喜些	暇 胡駕 系些
禡 合2	搲 烏吳 烏化			化 呼霸 虎跨	摦 胡化 戶跨
禡 開43		夜 羊謝 異謝			
漾 開43	怏 於亮 倚向	漾 餘亮 異亮		向 許亮 喜漾	
漾 合3			迋 于放 喻貺	況 許訪 許旺	
宕 開1	盎 烏浪 厄浪			荒 呼浪 虎曠	吭 下浪 核浪
宕 合1	汪 烏浪 烏曠				潢 平曠
映 開2	甖 於孟 厄孟			𧩙 許更 黑孟	行 下更 核孟
映 合2	宖 烏橫 烏孟				蝗 戶孟 戶甏
映 開3	映 於敬 倚敬				
映 合3			詠 爲命 喻命		
諍 開2	䙬 鷖迸				
諍 合2				轟 呼迸 虎甏	
勁 開4				欲 許令	
勁 合4				夐 休正 許用	

見	溪	羣	疑	端	透
古訝 駕 記亞	枯駕 髂 器亞		吾駕 訝 義駕		
古罵 坬 固化	苦化 跨 庫化		五化 瓦 誤化		
居亮 彊 記漾	丘亮 唴 器漾	其亮 弶 忌漾	魚尚 ⿰車卬 義向		
居況 ⿰言㞷 固旺		渠放 ⿰犭㞷 遽旺			
古浪 掆 箇浪	苦浪 抗 可浪		五浪 枊 餓浪	丁浪 譡 德浪	他浪 儻 託浪
古曠 桄 固曠	苦謗 曠 庫謗				
古孟 更 箇孟					
居慶 敬 記映	丘敬 慶 器映	渠敬 競 忌映	魚敬 迎 義敬		
			五諍 硬 餓孟		
居正 勁 記映	去盈 輕 器映				

定	泥	來	知	徹	澄
			咤 陟鴐 智亞	詫 丑亞 恥亞	虴 除鴐 稚亞
		亮 力讓 吏漾	帳 知亮 智漾	悵 丑亮 恥漾	仗 直亮 稚漾
宕 徒浪 惰浪	儾 奴浪 討浪	浪 來宕 勒宕			
			倀 猪孟 智孟	牚 他孟 恥孟	鋥 除更 稚孟
		令 力政 吏映		遉 丑鄭 恥映	鄭 直正 稚映

禪	審	神	穿	照	娘
					䏧 乃亞 膩亞
	舍 始夜 試夜	射 神夜 食夜	赿 充夜 齒夜	柘 之夜 至夜	
尚 時亮 侍漾	餉 式亮 試漾		唱 尺亮 齒漾	障 之亮 至漾	釀 女亮 膩漾
盛 承政 侍映	聖 式正 試映			正 之盛 至映	

日	精	清	從	心	邪
	唶 子夜 即夜	笡 遷謝 砌夜	褯 慈夜 集夜	蝑 司夜 細夜	謝 辭夜 習夜
讓 人樣 日漾	醬 子亮 即漾	蹡 七亮 砌漾	匠 疾亮 集漾	相 息亮 細漾	
	葬 則浪 子浪		藏 徂浪 字浪	喪 蘇浪 四浪	
	精 子姓 即映	倩 七政 七映	淨 疾政 集映	性 息正 細映	

莊	初	牀	疏	邦	滂
詐 側駕 滓亞		乍 鉏駕 助亞	嗄 所嫁 史亞		
			誜 所化 數化	霸 必駕 布亞	帊 普駕 破亞
壯 側亮 阳㲀	刱 初亮 楚壯	狀 式亮 助㲀			
				螃 補曠 布浪	
				榜 北孟 布孟	
	瀙 楚敬 差孟		生 所敬 史孟		
				柄 陂命 臂映	
諍 側迸 滓孟				迸 北諍 布諍	倂 蒲迸
				併 卑政 臂映	娉 匹正 譬映

微	奉	敷	非	明	竝
				禡 莫駕 寞亞	⿰白犬 白駕 步亞
		訪 敷亮 赴妄			
妄 巫放 務放	防 符況 附妄		放 甫妄 付妄		
				漭 莫浪 寞浪	傍 蒲浪 步浪
				孟 莫更 寞諍	膨 蒲孟 步孟
				命 眉病 寐映	病 皮命 避映
				詺 彌正 寐映	偋 防正 避映

	影	喻	爲	曉	匣
徑 開 4	鎣 烏定 郁[illegible]				脛 胡定 系映
徑 合 4					
證 合開 343	應 於證 倚證	孕 以證 異證		興 許應 喜應	
嶝 合開 1 1					
宥 合開 343		狖 余救 逸救	宥 于救 異舊	齅 許救 喜宥	
候 合開 1 1	漚 烏候 阿遘			蔻 呼漏 黑寇	候 胡遘 荷漏
幼 合開 4 4	幼 伊謬 乙救				
沁 開 432	蔭 於禁 倚禁	⿰禁頁 于禁 異禁			
勘 開 1	暗 烏紺 阿紺			顑 呼紺 黑暗	憾 胡紺 荷暗
闞 開 1				⿰貝甘 呼濫 黑暗	憨 下瞰 核暗
豔 合開 3 3	㤿 於驗 倚劍　厭 於豔 乙劍	豔 以贍 逸劍			
㮇 開 4	酓 於念				
釅 開 3				脅 許欠 喜驗	
陷 開 2	韽 於陷 倚陷				陷 戶韽 系鑑
鑑 開 2	黯 黯去聲			⿰亻敢 許鑑 喜鑑	監 胡懺 諧鑑
梵 合 3	俺 於劍 倚劍				

見	溪	羣	疑	端	透
徑 古定 記映	磬 苦定 器映			矴 丁定 底映	聽 他定 替映
		殑 其餕 忌應	凝 牛餕 義證		
亙 古鄧 箇鄧				嶝 都鄧 德贈	澄 台鄧 他鄧
救 古祐 記宥	鼽 丘救 器宥	舊 巨救 忌宥	鼿 牛救 義救		
遘 候古 箇候	寇 苦候 渴候		偶 五遘 餓候	鬥 都豆 德候	透 他候 託候
	⿰𧾷臭 丘繆 器幼	⿰𧾷斗 巨幼 忌幼			
禁 居陰 記陰		含 巨禁 忌陰	吟 宜禁 義陰		
紺 古暗 箇暗	勘 苦紺 渴暗		儑 五紺 餓憾	䭃 丁紺 多暗	僋 他紺 他暗
⿰鹵臽 古[illegible] 箇暗	闞 苦濫 渴暗			擔 都濫 多暗	賧 吐濫 託暗
			驗 魚[illegible] 義劍		
⿺走念 古念 紀念 兼 記豏	傔 苦念 器驗			店 都念 底[illegible]	悿 他念 底豏
	欦 丘釅 器驗		釅 魚欠 義劍		
⿰鹵臽 公陷 記陷	歉 口陷 器陷		顑 玉陷 義陷		
鑑 格懺 記陷					
劍 居欠 記驗	欠 去劍 器驗				

澄	徹	知	來	泥	定
			零 郎定 吏映	甯 乃定 溺映	定 徒勁 第映
瞪 丈證 稚應	覴 丑證 敕應		䬋 里甑 吏應		
			踜 魯鄧 勒鄧		鄧 徒亘 惰贈
胄 直祐 稚宥	畜 丑救 恥宥	晝 陟救 智宥	溜 力救 吏宥		
			陋 盧候 勒候	耨 奴豆 諾候	豆 田候 惰候
鴆 直禁 稚陰	闖 丑禁 恥陰	揕 知鴆 智陰	臨 良鴆 吏陰		
			顲 郎紺 勒暗	妠 奴紺 諾暗	醰 徒紺 惰暗
			濫 盧瞰 勒暗		倓 徒濫 惰暗
	覘 丑豔 敕豔		殮 力驗 吏驗		
			稴 力店 吏豔	念 奴店 溺豔	磹 徒念 簟豔
賺 佇陷 稚陷		䶣 陟陷 智陷			

娘	照	穿	神	審	
	諸應 證 至應	昌孕 稱 熾應	食證 乘 食應	詩證 勝 試應	
女救 糅 膩宥	職救 呪 至宥	尺救 臭 尺宥		舒救 狩 試宥	
乃禁 賃 膩陰	之任 枕 至陰			式禁 深 試陰	
	章豔 占 至豔	昌豔 䠨 尺豔		舒斂 閃 試豔	
尼賺 諵 膩陷					

心	從	清	精	日	禪
腥 蘇佞 細映		靘 千定 砌映			
			甑 子孕 霽應	認 而證 日應	丞 常證 侍應
[illegible] 思贈	贈 昨亘 字鄧	蹭 千鄧 次鄧	增 子鄧 子鄧		
秀 息救 細宥	就 疾僦 劑宥	趥 七溜 砌宥	僦 即就 即宥	輮 人又 日宥	授 承呪 侍宥
瘶 蘇奏 四候	[illegible] 才奏 字候	輳 倉奏 次候	奏 則候 子候		
		沁 七鴆 砌陰	浸 子鴆 即陰	妊 汝鴆 日陰	甚 時鴆 侍陰
俕 蘇紺		謲 七紺 次暗	篸 作紺 子暗		
三 蘇暫 四暗	暫 藏濫 字暗				
		壍 七豔 砌豔	[illegible] 子豔 子豔	念 而豔 日豔	贍 時豔 侍豔
[illegible] 先念 細豔	[illegible] 漸念 劑豔		僭 子念 子豔		
			[illegible] 子[illegible]		

邦	疏	牀	初	莊	邪
堋 方隥 布鄧					
	瘦 所祐 史宥	驟 鉏佑 助宥	簉 初救 差宥	皺 側救 滓宥	岫 似祐 習宥
	滲 所禁 史譖		讖 楚譖 差譖	譖 莊蔭 滓蔭	
窆 方驗 背驗					
		儳 士陷 乍鑑		蘸 莊陷 滓陷	
	釤 所鑑 史鑑	鑱 士懺 乍鑑	懺 楚鑑 差鑑		

滂	並	明	非	敷	奉
		瞑 莫定 寐應			
	凭 皮證 避應				
	倗 父鄧 步鄧	懵 武亘 暮鄧			
			富 方副 付宥	副 敷救 赴宥	復 扶富 附宥
仆 匹候 普候	掊 蒲候 步候	茂 莫候 暮候			
		繆 靡幼 密有			
	埿 蒲鑑				
				泛 孚梵 赴劍	梵 扶泛 附劍

						微
						莓 亡救
						務汎 蓩 亡劍

	影	喻	爲	曉	匣
合1 屋	烏谷 屋 烏谷			呼屋 謈 呼木	胡祿 縠 胡谷
合23 屋	紆菊 郁 於六	喻肉 育 余六	余肉 囿 于六	虛郁 畜 許竹	
合2 沃	烏酷 沃 烏酷			呼沃 熇 火酷	胡沃 鵠 胡沃
合3 燭		余局 欲 余蜀		虛郁 旭 許玉	
覺	烏角 渥 於角			忽渥 吒 許角	奚岳 學 胡覺
開23 質	一 於悉 乙 於筆 悉 衣 肸 衣	移疾 逸 夷質	移栗 颶 于筆	欯 許吉 肸 羲乙 乙 喜	
合23 術		紆橘 聿 餘律		狘 許聿 獝 況必 聿 虛	
開2 櫛					
合2 物	紆屈 鬱 紆物		余屈 ⿵風屈 王勿	許鬱 颮 許勿	
開3 迄				喜乙 迄 許訖	
合3 月	郁厥 噦 於月		欲掘 越 王伐	旭噦 ⿵風戉 許月	
開3 月	乙歇 謁 於歇			肸謁 歇 許竭	
合1 沒	烏忽 頞 烏沒			呼骨 忽 呼骨	搰 戶骨 麧 下沒 兀胡 沒何
開1 曷	阿葛 遏 烏葛	藹 予割		呵遏 ⿰曷頁 許葛	何遏 曷 胡葛
合1 末	烏括 斡 烏括			呼括 豁 呼括	胡末 活 戶括

見	溪	羣	疑	端	透
穀 古祿 姑屋	哭 空谷 枯屋			豰 丁木 都屋	秃 他谷 脫屋
菊 居六 居郁	麴 謳匊 區郁	驧 渠竹 巨育	砡 魚菊 魚菊		
梏 古沃 姑沃	酷 苦沃 枯沃		[illegible] 五沃 吾鵠	篤 冬毒 都沃	
輂 居玉 居郁	曲 邱玉 區郁	局 渠玉 巨欲	玉 魚欲 魚局		
覺 古岳 吉獄	㱿 苦角 乞覺		嶽 五角 逆學		
暨 居乙 基 吉 居質 一	詰 去吉 欺一	姞 巨乙 忌逸	耴 魚乙 疑暱		
橘 居聿 居聿					
亥 九勿 居鬱	屈 區勿 區鬱	倔 衢物 巨鬱	崛 魚勿 魚屈		
訖 居乞 基一	乞 去訖 欺乙	趌 其迄 忌乙	疙 魚乞 義乞		
厥 居月 菊噦	闕 去月 曲噦	[illegible] 其月 局越	月 魚厥 玉掘		
訐 居竭 吉謁		揭 其謁 極謁	钀 語訐 逆竭		
骨 古忽 姑忽	窟 苦骨 枯忽		兀 五忽 吳滑	咄 當沒 都忽	宊 他骨 土忽
葛 古達 歌遏	渴 苦曷 可遏		嶭 五割 莪曷	怛 當割 多遏	闥 他達 他躂
括 古活 姑豁	闊 苦栝 枯豁		枂 五活 吳活	掇 丁括 都豁	侻 他括 土豁

澄	徹	知	來	泥	定
			祿 盧谷 盧斛		獨 徒谷 杜斛
逐 直六 杜育	畜 丑六 褚郁	竹 張六 豬郁	六 力竹 閭育		
			濼 盧毒 盧沃	褥 內沃 奴沃	毒 徒沃 杜沃
躅 直錄 杜欲	𣗖 丑玉 褚郁	瘃 陟玉 豬郁	錄 力玉 閭欲		
濁 直角 直岳	逴 敕角 黜渥	斲 竹角 竹角	犖 呂角 祿岳		
秩 直一 直逸	抶 丑栗 恥乙	窒 陟栗 知乙	栗 力質 吏逸		
朮 直律 直律	黜 丑律 褚聿	怵 竹律 竹聿	律 呂卹 閭朮		
			柭 勒沒 盧兀	訥 內骨 奴沒	突 陀骨 杜兀
			剌 盧達 羅達	捺 奴曷 儺曷	達 唐割 惰曷
			捋 郎括 盧活		奪 徒活 杜活

禪	審	神	穿	照	娘
熟 殊六 食育	叔 式竹 書郁		俶 昌六 處郁	粥 之六 朱郁	朒 女六 女育
蜀 市玉 殊欲	束 書玉 書郁	贖 神蜀 牀欲	觸 尺玉 書郁	燭 之欲 朱旭	
					搦 女角 尼岳
	失 式質 設乙	實 神質 舌逸	叱 昌栗 蚩乙	質 之日 之乙	暱 尼質 尼逸
		術 食聿 舌律	出 赤律 處聿		

日	精	清	從	心	邪
	鏃 作木 租屋	瘯 千木 粗屋	族 昨木 祚木	速 桑谷 蘇屋	
肉 如六 如育	蹙 子六 䄍郁	鼀 七宿 趨郁	歜 才六	肅 息逐 胥育	
	傶 將毒 租沃			洬 先篤 蘇沃	
辱 而蜀 儒欲	足 卽玉 租郁	促 七玉 趨郁		粟 相玉 胥郁	續 似足 敍欲
日 人質 仁逸	堲 資悉 節一	七 親吉 砌一	疾 秦悉 截逸	悉 息七 西一	
	卒 子聿 租聿	焌 倉聿 措聿	崒 慈卹 祚律	卹 辛聿 胥聿	
	卒 臧沒 租忽	猝 倉沒 粗忽	捽 昨沒 祚兀	窣 蘇骨 蘇忽	
		攃 七曷 次薩	巀 才割 字曷	躠 桑割 思達	
	繓 子括 租 鬠 姊末 豁	撮 倉括 粗豁	柮 藏活 祚活		

莊	初	牀	疏	邦	滂
				卜 博木 補屋	扑 普木 普屋
縬 側六 阻屋	琡 初六 初屋		縮 所六 疏屋		
				襮 博沃 補沃	
捉 側角 阻渥	娖 測角 楚渥	浞 士角 助岳	朔 所角 疏渥	剝 北角 補渥	璞 匹角 普渥
	剎 初栗 差乙	⿰齒出 仕叱 乍瑟	率 所律 疏聿	筆 鄙密 卑 必 卑吉 一	匹 譬吉 譬一
⿰叕出 側律 阻率					
櫛 阻瑟 簪瑟		⿰齒出 崱瑟 乍瑟	瑟 所櫛 師櫛		
					⿰音孛 普沒 普忽
				撥 北末 補豁	鏺 普活 普豁

竝	明	非	敷	奉	微
暴 蒲木 步木	木 莫卜 莫祿				
	目 莫六 莫祿	福 方六 夫屋	蝮 芳福 敷屋	伏 房六 扶斛	
僕 蒲沃 步沃	瑁 莫沃 暮沃				
		轐 封曲 夫沃		幞 房玉 扶欲	
雹 蒲角 步岳	邈 莫角 模岳				
弼 薄密 逸陛　邲 吡必 逸避	密 美必 莫筆　蜜 彌畢 逸迷				
		弗 分勿 夫物	拂 敷勿 敷勿	佛 符弗 符勿	物 文弗 無佛
		髮 方伐 福韈	怖 拂伐 拂韈	伐 房越 伏韈	韈 望發 物伐
勃 蒲沒 步沒	沒 莫勃 暮訥				
跋 蒲撥 步活	末 莫撥 暮活				

	影	喻	爲	曉	匣
黠 開2	軋 烏黠 乙戞				黠 胡八 系揠
黠 合2	婠 烏八 屋八			傄 呼八 忽八	滑 戶八 核拔
轄 開2	鸛 乙鎋 乙瞎			瞎 許鎋 喜揠	鎋 胡瞎 系鏺
轄 合2					頢 下刮 核拔
屑 開4	噎 烏結 一結			奊 虎結 肸噎	纈 胡結 檄齧
屑 合4	抉 於決 郁決			血 呼決 旭曦	穴 胡決 懸悅
薛 開43	噦 乙劣 郁拙	悅 弋雪 欲劣		威 許劣 旭𡿺	
薛 合43	焆 於列 乙揭；妜 於悅 郁缺	抴 羊列 逸列		娎 許劣 肸謁	
藥 開43	約 於略 乙卻	藥 以灼 逸略		謔 虛約 肸約	
藥 合23	嬳 憂縛 郁縛		籰 王縛 欲縛	矆 許縛 旭縛	
鐸 開1	惡 烏各 阿各			臛 呵各 呵各	涸 下各 何咢
鐸 合1	臒 烏郭 屋郭			霍 虛郭 忽郭	穫 胡郭 胡郭
陌 開2	啞 烏格 阿格			赫 呼格 呵格	垎 胡格 何額
陌 合2	韄 乙白 一虢；擭 一虢 屋虢			謋 虎伯 呼虢	嚄 胡伯 胡陌
陌 開23				虩 許郤 喜戟	

見	溪	羣	疑	端	透
戛 古黠 吉揠	抓 恪八 乞揠				
劀 古滑 谷滑	䯣 口滑 酷滑		𦤦 五滑 兀滑	窡 丁滑 竹滑	
鴰 古鎋 吉揠	䆲 枯鎋 乞揠		齾 五鎋 逆轄		獺 他鎋 他揠
刮 古頞 谷刷			刖 五刮 兀刮	鵽 丁刮 竹刷	
結 古屑 吉噎	猰 苦結 乞噎		齧 五結 逆蔑	窒 丁結 的噎	鐵 他結 惕噎
玦 古穴 菊血	闋 苦穴 曲噦				
蹶 紀劣 菊噦	缺 傾雪 曲噦	蹶 紀劣 局劣			
揭 蹇列吉 居列 吉謁 子 噎	堨 丘竭 乞揭	傑 渠列 極櫱	櫱 魚列 逆傑		
腳 居勺 吉約	卻 去約 乞約	噱 其虐 極藥	虐 魚約 逆略		
玃 居縛 菊縛	躩 丘縛 屈縛	戄 具籰 局縛			
各 古落 歌郝	恪 苦各 可郝		咢 五各 莪鶴		託 他各 他郝
郭 古博 谷霍	廓 苦郭 酷霍		瓁 五郭 兀矱		
格 古伯 歌赫	客 苦格 可赫		額 五陌 莪陌		
虢 古伯 谷擭	䣛 丘擭 酷擭				
戟 几劇 基隙	隙 綺戟 欺益	劇 奇逆 忌逆	逆 宜戟 疑劇		

定	泥	來	知	徹	澄
			陟鎋 哳 陟振		
				丑刮 [illegible] 黠刷	
徒結 姪 迪齧	奴結 涅 溺齧	練結 咲 力齧			
		力輟 劣 律悅	陟劣 輟 竹噦	丑悅 [illegible] 黜噦	
		良辥 列 力槷	陟列 哲 陟噎	丑列 屮 敕噎	直列 轍 直槷
		離灼 略 力藥	張略 芍 陟約	丑略 辵 敕約	直略 著 直藥
徒落 鐸 惰咢	奴各 諾 儺咢	盧各 落 勒咢			
		盧稄 硦 祿稄			
			陟格 磔 知赫	丑格 坼 恥赫	場伯 宅 直額

娘	照	穿	神	審	禪
疕 女黠 匿搋					
貀 女滑 女滑	茁 鄒滑 阻八				
妠 女刮 女刷					
吶 女劣 女劣	茁 側劣 捉[illegible] 拙 職悅 燭[illegible]	歠 昌悅 姝雪 啜 出悅		說 失爇 束[illegible]	
	哲 旨熱 職噎	掣 昌列 尺噎	舌 食列 食櫱	設 識列 式噎	折 常列 石櫱
逽 女略 女藥	灼 之若 職約	綽 昌約 尺約		爍 書藥 式約	妁 市若 石藥
蹃 女白 尼額					

邪	心	從	清	精	日
					⿱髟亏 而轄
	屑 先結 息噎	截 昨結 集齧	切 千結 七噎	節 子結 即噎	
踅 寺絕 徐悅	雪 相絕 粟噦	絕 情雪 族悅	膬 七絕 蔟噦	蕝 子悅 卒噦	爇 如劣 辱悅
	薛 私列 息噎			⿹𢦏金 姊列 即噎	熱 如列 日蘖
	削 4 息約 息約	皭 4 在爵 集藥	鵲 七雀 七約	爵 4 即略 即約	若 而灼 日藥
	索 蘇各 思郝	昨 在各 字咢	錯 倉各 雌郝	作 則落 則郝	
				嘬 祖郭 租霍	

莊	初	牀	疏	邦	滂
札 側八 菑揠	𪘲 初八 差揠		殺 所八 師瞎		
				八 博拔 卜滑	汃 普八 普八
	剎 初鎋 差揠	鏩 査鎋 乍轄			
	篡 初刮 初刷		刷 數刮 數刮	捌 百鎋 卜揠	
				彆 才結 筆噎	瞥 普蔑 甹噎
茁 側劣 捉噦			㕞 所劣 朔噦	莂 方別 謁筆　鷩 并列 噎筆	瀎 芳滅 甹噎
		閷 士劣 乍揠	榝 山列 色揠		
斮 側略 仮郝					
				博 補各 補郝	顭 匹各 普郝
窄 側伯 菑赫		齚 鋤陌 乍額	索 色窄 師赫		
				伯 博陌 補赫	拍 普百 普赫
栅 測戟 差戹			索 山戟 師赫		欂 弼戟 陛逆

竝	明	非	敷	奉	微
拔 蒲八 步滑	傛 莫八 木滑				
	礣 莫鎋 莫轄				
蹩 蒲結 弼齧	蔑 莫結 密齧				
別 皮列 弼 撇 便滅 櫱	滅 亡列 密櫱				
			薄 孚縛 拂約	縛 符钁 伏钁	
泊 傍各 步咢	莫 慕各 模咢				
白 傍陌 步額	陌 莫白 暮額				

	影	喩	爲	曉	匣
麥 開 2	戹 於革 阿隔				覈 下革 何麥
麥 合 2				剨 呼麥 呵虢	獲 胡麥 胡伯
昔 開 4	益 伊昔 伊昔	繹 羊益 移籍			
昔 合 4		役 營隻 余局		瞁 許役 虛役	
錫 開 4				⿰赤欠 許激 喜益	檄 胡狄 系釋
錫 合 4				⿰豕殳 呼狊 虛棫	
職 開 3 2	憶 於力 衣亟	弋 與職 移力		赩 許極 喜億	
職 合 4			域 雨逼 余洫	洫 況逼 虛域	
德 開 1	餩 愛黑 阿黑			黑 呼北 呵刻	劾 胡得 何勒
德 合 1				[illegible] 呼或 忽國	或 胡國 胡國
緝 開 2 3	邑 於汲 衣汲 揖 伊入 倚急	熠 羊入 異立	煜 爲立 移立	吸 許及 希揖	
合 開 3	唈 烏荅 阿 姶 烏合 閹			欱 呼合 呵答	合 侯閤 曷閤
盍 開 4	鰪 安盍 阿盍			⿰盍欠 呼盍 呵榼	盇 胡臘 何臘
葉 開 3	敏 於輒 乙刦 魘 於葉 乙接	葉 與涉 逸捷	曄 筠輒 逸獵		
怗 開 4				弽 呼牒 喜怗	協 胡頰 檄葉

見	溪	羣	疑	端	透
隔 古核 郘厄	礊 楷革 可戹		鷊 五革 我核		
蟈 古獲 谷畫					
激 古歷 吉益	燩 苦擊 乞益		鷁 五歷 宜檄	的 都歷 低益	逖 他歷 梯益
郹 古闃 居棫	闃 苦鶪 曲棫				
殛 紀力 其億	䩯 丘力 怯億	極 渠力 傑弋	嶷 魚力 疑力		
祴 古得 郘黑	刻 苦得 可黑			德 多則 多黑	忒 他德 他黑
國 古或 骨或					
急 居立 基揖	泣 去急 欺揖	及 其立 忌熠	岌 魚及 逆及		
閤 古沓 葛合	溘 口荅 克盍		㬎 五合 咢合	答 都合 德塔	錔 他合 他答
砝 居盍 歌 ⿰盍頁 古盍 盍	榼 苦盍 克盍		儑 五盍 我盍	⿰耳皮 都盍	榻 吐盍 他臘
⿰糸劫 居輒 吉業	㾊 去涉	衱 其輒 極葉			
頰 古協 吉愜	愜 苦協 乞燮			聑 丁愜 的怗	怗 他協 惕愜

定	泥	來	知	徹	澄
		礐 力摘 羅核	摘 陟革 知厄		
			⿰黍啇 竹益 知益	彳 丑亦 恥益	擲 直炙 直釋
荻 徒歷 第釋	惄 奴歷 泥檄	靂 郎擊 離釋		歡 丑歷	
		力 林直 離弋	陟 竹力 知億	敕 恥力 恥億	直 除力 轍力
特 徒得 隋劾	⿰齒能 奴勒 儺刻	勒 盧則 羅劾			
		立 力入 離熠	縶 陟立 知揖	湁 丑入 敕揖	蟄 直立 轍熠
沓 徒合 惰拉	納 奴荅 儺拉	拉 盧合 羅納			
蹋 徒盍 惰臘	魶 奴盍 諾臘	臘 盧盍 羅蹋			
		獵 良涉 力葉	輒 陟葉 陟攝	鍤 丑輒 敕攝	牒 直葉 直葉
⿰阝枼 徒協 迪協	苶 奴協 溺葉	甄 盧協 力協			

娘	照	穿	神	審	禪
	隻 之石 之益	尺 昌石 蚩益	麝 食亦 舌釋	釋 施隻 詩益	石 常隻 時釋
	臬 之役				
匿 女力 尼弋	職 之翼 之億	瀷 昌力 蚩億	食 乘力 舌弋	識 賞職 詩弋	寔 常職 時弋
孨 尼立 尼熠	執 之入 浙揖	斟 昌汁 蚩揖		溼 失入 設揖	十 是執 時熠
	譫 章盇				
聶 尼輒 昵葉	讋 之涉 職攝	謵 叱涉 尺攝		攝 書涉 式摺	涉 時攝 石葉

日	精	清	從	心	邪
	擮 簪摑 阻畫				
	積 資昔 卽益	皵 七迹 七益	籍 秦昔 劑繹	昔 思積 西益	席 祥易 習繹
		旻 七役 趨役			
	績 則歷 節益	戚 倉歷 切益	寂 前歷 截繹	錫 先擊 屑益	
日 而力 如弋	卽 子力 節億		堲 秦力 截弋	息 相卽 西億	
	則 子得 子黑	墄 七則 雌黑	賊 昨則 字劾	塞 蘇則 思黑	
入 人執 日力	㗱 子入 節揖	緝 七入 切揖	集 秦入 截霫	靸 先立 屑揖	習 似入 邪集
	帀 子答 子答	𪎊 七合 此答	雜 徂合 字納	趿 蘇合 思答	
		囃 倉雜	𡍮 才盍 字臘	卅 私盍 思榼	
讘 而涉 日葉	接 卽葉 卽擳	妾 七接 七接	𧽯 疾葉 疾葉		
	浹 子協 卽帖		䕯 在協	𨓍 先頰 蘇協 燮 息帖	

莊	初	牀	疏	邦	滂
責 側革 菑厄	策 楚革 差厄	賾 士革 乍核	栜 山責 師厄		
				檗 博厄 補厄	[illegible] 普麥 普厄
				碧 彼役 必益 辟 益必 益卑	僻 芳辟 披益
				壁 北激 卑益	霹 普擊 披益
稷 阻力 札色	測 初力 察色	崱 士力 乍弋	色 所力 師側		
				逼 彼側 彼億	堛 芳逼 披億
				北 博墨 補黑	覆 匹北 普黑
戢 阻立 札揖	届 初戢 測揖	[illegible] 仕戢 乍熠	澀 色立 殺揖	鵖 彼及 彼揖	
		[illegible] 士合			
			萐 山輒 師插		

竝	明	非	敷	奉	微
繴 蒲革 步核	麥 莫獲 暮核				
擗 房益 避繹					
甓 扶歷 避繹	覓 莫狄 迷繹				
愎 符逼 避弋	[illegible] 亡逼 寐弋				
菔 蒲北 步劾	墨 莫北 暮劾				
𨉖 皮及 避熠					

	影	喻	爲	曉	匣
業 開3	腌 於業 乙劫			脅 虛業 喜劫	
洽 開2	𨃅 烏洽 乙夾			𨉖 呼洽 肸狎	洽 侯夾 檄[illegible]
狎 開2	鴨 烏甲 乙甲			呷 呼甲 肸押	狎 胡甲 檄押
乏 開3					

見	溪	羣	疑	端	透
劫 居怯 吉業	怯 去劫 乞業	跲 巨業 極業	業 魚怯 逆怯		
夾 古洽 吉押	恰 苦洽 乞押		脛 五夾 疑洽		
甲 古狎 吉鴨					
	猲 起法 乞押				

澄	徹	知	來	泥	定
		劄 竹洽 知押			
渫 丈甲 直狎					
	插 丑法 敕押				

娘	兒	穿	神	審	禪
図 女洽 匿洽					
[illegible] 女法 匿洽					

邪	心	從	清	精	日

滂	邦	疏	牀	初	莊
		霎 山洽 色押	箑 士洽 乍洽	插 楚洽 測押	眨 側洽 仄押
		翜 所甲 色押			

竝	明	非	敷	奉	微
		法 方乏 福押	猤 孚乏	乏 房法 扶洽	

聲類考　陳澧

多得何 得德多則 丁當經 都當孤 當都郎 冬都宗 七字聲同一類丁以下四字與上三字切語不系聯實同一類一東凍德紅切又都貢切一送凍多貢切都貢多貢同一音則都多二字實同一類也〇此爲端之類端多官切

張陟良 知陟離 豬陟魚 徵陟陵 中陟弓 追陟隹 陟竹力 卓竹角 竹張六 九字聲同一類〇此爲知之類

之止而 止諸市 章諸良 征諸盈 諸章魚 煮章與 支章移 職之翼 正之盛 旨職雉 占職廉 脂旨移 十二字聲同一類〇此爲照之類照之少切 字母家以此十二字爲照之三等

抽丑鳩 癡丑之 楮褚丑呂 丑敕久 恥敕里 敕恥力 七字聲同一類〇此爲徹之類

徹丑列切

蘇素姑 素桑故 速桑谷 桑息郎 相息良 悉息七 思司息茲 斯息移 私息夷 雖息遺 辛息鄰 息相卽

須相俞 胥相居 先蘇前 寫息姐 十七字聲同一類○此爲心之類心息林切

居九魚 九舉有 俱舉朱 舉居許 規居隋 吉居質 紀居里 几居履 古公戶 公古紅 過古臥 各古落 格古伯

兼古甜 姑古胡 佳古膎 詭過委 十七字聲同一類古以下九字與上八字不系聯實同一類居九舉三字互用古公二字互用則不能兩相系聯耳三十六養獷居往切又居猛切三十八梗獷古猛切又居往切古猛切卽居猛切之音是居古二字同一類也

○此爲見之類見古電切

康苦岡 枯苦胡 牽苦堅 空苦紅 謙苦兼 口苦后 楷苦駭 客苦格 恪苦各 苦康杜 去丘據 丘去鳩 墟

袪去魚 詰去吉 窺去隨 羌去羊 欽去金 傾去營 起墟里 綺墟彼 豈袪豨 區驅豈俱 二十四字

聲同一類去以下十四字與上十字不系聯實同一類康苦二字互用去丘二字互用則不能兩相系聯耳三江控苦江

切一東控苦紅切又丘江切丘江切即苦江切之音是苦丘二字同一類也此爲溪之類溪苦奚切

方府良卑府移幷府盈封府容分府文府甫方矩鄙方美必卑吉彼甫委兵甫明筆鄙密陂彼爲畀必至十四字聲同一類○字母家分之以方封分府甫五字爲非之類非甫微切卑幷鄙必彼兵筆陂畀九字入邦之類

敷芳無妃芳非撫芳武芳敷方披敷羈峯敷容不敷悲拂敷勿九字聲同一類字母家分之以敷孚妃撫峯拂七字爲敷之類披不二字入滂之類

昌尺良尺昌石充昌終處昌與叱昌栗春昌脣七字聲同一類○此爲穿之類穿昌緣切字母家以此七字爲穿之三等

於央居央於良憶於力伊於脂依衣於希憂於求一於悉乙於筆握於角謁於歇紆憶俱挹伊入烏哀都哀烏開安烏寒煙烏前鷖烏奚愛烏代十九字聲同一類烏以下六字與上十三字不系

（聯實同一類於央二字互用烏哀二字互用則不能兩相系聯耳十遇汚烏路切十一模汚哀都切又一故切一故切即烏路切之音是烏一二字同一類也）○此爲影之類（影於丙切）

倉（七岡）蒼 親（七人） 遷（七然） 取（七庾） 七（親吉） 青（倉經） 采（倉宰） 醋（倉故） 麤麁（倉胡） 千（蒼先） 此（雌氏） 雌（此移）十四字聲同一類（此雌二字與上十二字不系聯實同一類親七二字互用此雌二字互用則不能兩相系聯耳一先緣此緣切三十三線緣七絹切又七全切七全切即此緣切之音是七此二字同一類也）○此爲清之類（清七情切）

他（託何） 託（他各） 土吐（他魯） 通（他紅） 天（他前） 台（土來） 湯（吐郎）八字聲同一類○此爲透之類（透他候切）

將（即良） 子（即里） 資（即夷） 即（子力） 則（子德） 借（子夜） 茲（子之） 醉（將遂） 姊（將几） 遵（將倫） 祖（則古） 臧（則郎） 作（則落）十三字聲同一類○此爲精之類（精子盈切）

呼荒烏 荒呼光 虎呼古 謈呼刑 火呼果 海呼改 呵虎何 香許良 朽許久 羲許羈 休許尤 兄許訪 許虛呂 興虛陵 喜虛里 虛朽居 十六字聲同一類香以下九字與上七字不系聯實同一類呼荒二字互用朽許虛三字互用則不能兩相系聯耳二十二元䚽況袁切五支䚽許羈切又火元切火元切卽況袁切之音是況火二字同一類也○此爲曉之類曉香晶切

邊布玄 布博故 補博古 伯百博陌 北博墨 博補各 巴伯加 八字聲同一類○此爲幫之類幫博旁切

滂普郎 普滂古 匹譬吉 譬匹賜 四字聲同一類匹譬二字與滂普二字不系匹譬二字互用則不能兩相系聯耳三十四果頗普火切八戈頗滂禾切又匹我切匹我切卽普火切之音是普匹二字同一類也○此爲滂之類

山所間 疏疎所葅 沙砂所加 生所庚 色所力 數所矩 所疏舉 史疏士 十字聲同一類○

字母家以此十字爲審之二等審式荏切

書舒傷魚傷商式陽施式支失式質矢式視試式吏式識賞職賞書兩詩書之釋施隻始詩止

十四字聲同一類○字母家以此十四字爲審之三等

初楚居楚創舉創瘡初良測初力叉初牙廁初吏芻測隅八字聲同一類○字母家

以此八字爲穿之二等

莊側羊爭側莖阻側呂鄒側鳩簪側吟側仄阻力七字聲一類字母家以此七字

爲照之二等

右切語上字清聲二十一類二百四十四字

徒同都同徒紅特徒得度徒故杜徒古唐堂徒郎田徒年陀徒何地徒四十字聲同一類

○此爲定之類定徒徑切

除直魚 場直良 池直離 治持直之 遲直尼 佇直呂 柱直主 丈直兩 直除力 宅場伯 十一字聲同一類○此爲澄之類 澄直陵切

鋤鉏士魚 牀士莊 豺士皆 崱士力 士仕鉏里 崇鋤弓 查鉏加 雛仕于 俟牀史 助牀據 十二字聲同一類○字母家以此十二字爲牀之二等

如人諸 汝人渚 儒人朱 人如鄰 而如之 仍如乘 兒汝移 耳而止 八字聲同一類○此爲日之類 日人質切

余餘予以諸 夷以脂 以羊已 羊與章 弋翼與職 與余呂 營余傾 移弋支 悅弋雪 十二字聲同一類○字母家以此十二字爲喻之四等 喻羊戍切

于羽俱 羽雨王矩 云雲王分 王雨方 韋雨非 永于憬 有云久 遠雲阮 榮永兵 爲遠支 洧榮美 筠爲贇 十四字聲同一類○字母家以此十四字爲喻之三等

文無分 美無鄙 望巫放 無巫武夫 明武兵 彌武移 亡武方 眉武悲 綿武延 武文甫 靡文彼 莫慕各

模謨摸莫胡 母莫厚 十八字聲同一類莫以下六字與上十二字不系聯實同一類文無武三字互用

莫慕二字互用則不能兩相系聯耳一東韻夢莫中切又武仲切一送韻夢莫鳳切又亾中切武仲切即莫鳳切之音亡中切即莫中切之音是武莫亡三字同一類也 ○字母家以美明彌眉綿靡莫慕模謨摸母

十二字爲明之類無巫亡武文望六字爲微之類微無非切

渠强魚 强巨良 求巨鳩 巨其呂 具其遇 臼其九 衢其俱 其渠之 奇渠羈 暨具冀 十字聲同一類○此爲羣之類羣渠云切

房符方 防符方 縛符钁 平符兵 皮符羈 附符遇 符苻扶防無 便房連 馮房戎 毗房脂 弼房密 浮縛謀

父扶雨 婢便俾 十六字聲同一類○字母家分之以房防縛附符苻扶馮浮、父十字爲奉之類奉扶隴切 平皮便毗弼婢六字入竝之類

盧落胡　來落哀　賴落蓋　落洛盧各　勒盧則　力林直　林力尋　呂力舉　良呂張　離呂支　里良士　郎魯當

魯郎古　練郎甸　十五字聲同一類力以下六字與上六字不系聯郎魯練三字與上十二字又不系聯實皆同一類盧落二字互用力林二字互用郎魯二字又互用則皆不能相系聯耳一東籠盧紅切三鍾籠力鍾切又力東切力東切卽盧紅切之音十二霽蜦郎計切十八諄蜦力迍切又力計切力計切卽郎計切之音是盧力郎三字同一類也　此為來之類

胡　乎戶吳　侯戶鉤　戶侯古　下胡雅　黃胡光　何胡歌　七字聲同一類○此為匣之類匣胡甲切

才昨哉　徂昨胡　在昨宰　前昨先　藏昨郎　昨酢在各　疾秦悉　匠疾亮　秦匠鄰　慈疾之　自疾二　情疾盈

漸慈染　十四字聲同一類疾以下七字與上七字不係聯實同一類在昨二字互用疾秦匠三字互用則不能相系聯耳三鍾從疾容切三用從疾用切又才容切才容切卽疾容切之音是疾才二字同一類也　○此為從之類

從疾容切

蒲薄胡步薄故裴薄囘薄傍各白傍陌傍步光部蒲口七字聲同一類○此爲竝之

類竝蒲迥切

魚語居疑語其牛語求語魚巨宜魚羈擬魚紀危魚爲玉魚欲五疑古俄五何吾五乎研五堅遇

牛具虞愚遇俱十五字聲同一類○此爲疑之類

奴乃都乃奴亥諾奴各內奴對妳奴禮那諾何六字聲同一類○此爲泥之類泥奴

低切

時市之殊市朱常嘗市羊蜀市玉市時止植殖寔常職署常恕臣植鄰承署陵是氏承紙視

承矢成是征十六字聲同一類○字母家以此十二字爲禪類禪市連切

尼女夷拏女加女尼呂三字聲同一類○此爲娘之類娘女良切

徐（似魚）祥（似羊）辭（似茲）似（詳里）句（詳遵）寺（詳吏）夕（詳易）隨（詳爲）十字聲同一類〇

此爲邪之類（邪似嗟切）

神（食鄰）乘（食陵）食（乘力）實（神質）四字聲同一類〇字母家以此四字爲牀之

三等

右切語上字濁聲十九類二百零八字

凡切語上字清聲濁聲共四百五十二字

韻類表

上平

一東　紅戸公東德紅公古紅三字同爲一類一等合口呼
終職戎戎如融融以戎弓居戎中陟弓六字同爲一類三等合口呼

二冬　冬都宗宗作冬二字同爲一類一等合口呼

三鍾　鍾職容庸容餘封封府容恭九容凶許容六字同爲一類三等合口呼

四江　江古雙雙所江二字同爲一類二等牙音重脣喉音開口呼舌上正齒半舌合口呼

五支　支章移移弋支離呂支知陟離宜魚羈奇渠羈羈居宜

七字同爲一類三等開口呼

爲薳支垂是爲危魚爲隨隋旬爲規居隋六字同爲一類三等合口呼

六脂

脂旨夷夷以脂飢肌居夷私息夷資卽夷尼女夷七字同爲一類三等合口呼

悲府眉眉武悲追陟隹隹職追維遺以追綏息遺七字同爲一類三等合口呼

七之

之止而其渠之茲子之慈疾之而如之持直之菑側持七字同爲一類三等開口呼

八微

微無非非甫微韋雨非歸舉韋四字同爲一類三等合口呼

希香衣衣依於希三字同爲一類三等開口呼

九魚

魚語居居九魚諸章魚余以諸葅側魚五字同爲一類三等合口呼

十虞

俱舉朱隅遇俱于羽俱朱章俱誅陟輸俞逾羊俱輸式朱芻測隅夫甫無無武夫十一字同爲一類三等合口呼

十一模

胡乎戶吳姑孤古胡都當孤吾吳五乎烏哀乎八字同爲一類一等合口呼

十二齊

兮奚胡雞臡人兮稽雞古奚迷莫兮低都奚七字同爲一類四等開口呼

圭古攜攜戶圭二字同爲一類四等合口呼

十三佳

佳古膎　膎戶佳　二字同爲一類二等開口呼
媧緺古蛙　蛙烏堝　二字同爲一類二等合口呼

十四皆

諧戶皆　皆古諧　二字同爲一類二等開口呼
乖古懷　懷戶乖　二字同爲一類二等合口呼

十五灰

恢若回　回戶恢　杯布回　灰呼恢　四字同爲一類一等合口呼

十六咍

哀烏開　開苦哀　來洛哀　哉祖才　才昨哉　五字同爲一類一等開口呼

十七眞

人如鄰　鄰力珍　珍陟鄰　眞職鄰　賓必鄰　巾居銀　銀語巾　七字同爲一類三等開口呼
筠爲贇　贇於倫　二字同爲一類三等開口呼

十八諄　勻羊倫　倫綸力迍　脣食倫　遵將倫　旬詳遵　迍陟倫　七字同爲一類三等開口呼

趨渠人　砏普巾　二字同爲一類三等開口呼

十九臻　詵所臻　臻側詵　二字同爲一類二等開口呼

二十文　分府文　文無分　云王分　三字同爲一類三等合口呼

二一欣　斤舉欣　欣許斤　二字同爲一類三等開口呼

二二元　袁雨元　元愚袁　煩附袁　三字同爲一類三等合口呼

軒虛言　言語軒　二字同爲一類三等開口呼

二三魂　昆古渾　渾魂戶昆　奔博昆　尊祖昆　五字同爲一類一等合口呼

二四痕　痕戶恩　恩烏痕　根古痕　三字同爲一類一等開口呼

二一五寒

寒胡安 安烏寒 干古寒 三字同爲一類一等開口呼

濡奴官 一類一等合口呼

二一六桓

官古丸 潘普官 丸胡官 端多官 四字同爲一類一等合口呼

二一七删

還戶關 關古還 班布還 三字同爲一類二等合口呼

姦古顏 顏五姦 二字同爲一類二等開口呼

二一八山

山所間 閑戶間 間古閑 三字同爲一類二等開口呼

鰥古頑 頑吳鰥 二字同爲一類二等合口呼

下平

一先　前昨先　先蘇前　賢胡田　田徒年　年奴顛　顛都年　堅古賢　煙烏前　八字同爲一類四等開口呼

涓古玄　玄胡涓　二字同爲一類四等合口呼

二仙　仙相然　然如延　延以然　連力延　焉於乾　乾渠焉　六字同爲一類三等開口呼

緣與專　泉全疾緣　專職緣　宣須緣　川昌緣　攣呂緣　員圓王權　權巨員　十字同爲一類三等合口呼

三蕭　彫都聊　聊落蕭　堯五聊　蕭蘇彫　幺於堯　五字同爲一類四等開口呼

四宵　遙餘昭　招昭止遙　嬌舉喬　焦即消　喬巨嬌　邀於宵　霄消

五肴

宵相邀瀟甫嬌囂許嬌十二字同爲一類三等開口呼

茅莫交肴胡茅交古肴嘲陟交四字同爲一類二等開口呼

六豪

刀都勞牢勞魯刀曹昨勞遭作曹毛莫袍袍薄褒褒博毛八字同爲一類一等開口呼

七歌

何河胡歌歌古俄俄五何四字同爲一類一等開口呼

八戈

禾和戶戈戈古禾波博禾婆薄波五字同爲一類一等合口呼

靴許肥肥於靴䏶去靴三字同爲一類三等合口呼

伽求迦迦居伽二字同爲一類三等開口呼

九麻

霞胡加加古牙牙五加巴伯加四字同爲一類二等

開口呼

車尺遮 遮正奢 嗟子邪 邪以遮 賒奢式車 六字同爲一類三等開口呼

華戶花 瓜古華 花呼瓜 三字同爲一類二等合口呼

十陽

羊陽與章 章諸良 良呂章 張陟良 莊側羊 六字同爲一類三等開口呼

王雨方 方府良 二字同爲一類三等合口呼

十一唐

郎魯當 當都良 剛岡古郎 四字同爲一類一等開口呼

光古黃 黃胡光 旁步光 三字同爲一類一等合口呼

十二庚

行戶庚 庚古行 二字同爲一類二等開口呼

盲武庚 橫戶盲 二字同爲一類二等合口呼

驚京舉卿卿去京三字同爲一類三等開口呼

兵甫明明武兵榮永兵三字同爲一類三等合口呼

十三耕

莖戶耕耕古莖二字同爲一類二等開口呼

萌莫耕宏戶萌二字同爲一類二等合口呼

十四清

情疾盈盈以成貞陟盈成是征征諸盈并府盈六字同爲一類四等開口呼

營余傾傾去營二字同爲一類四等合口呼

十五青

刑戶經經古靈靈郎丁丁當經四字同爲一類四等開口呼

扃古螢螢戶扃二字同爲一類四等合口呼

十六蒸

蒸煑仍仍如乘乘食陵陵力膺膺於陵冰筆陵兢矜居

陵　升識蒸　九字同爲一類三等開口呼

十七登　登都滕　滕徒登　增作滕　棱魯登　崩北滕　恆胡登　朋步崩

七字同爲一類一等開口呼

肱古弘　弘胡肱　二字同爲一類一等合口呼

十八尤　求巨鳩　由以周　州周職流　秋七由　流力求　鳩居求

尤羽求　八字同爲一類三等開口呼

謀莫浮　浮縛謀　二字同爲一類三等合口呼

十九侯　侯戶鉤　鉤古侯　婁落侯　三字同爲一類一等開口呼

二十幽　蟉渠幽　幽於蟉　烋香幽　彪甫烋　四字同爲一類四等開口呼

二十一侵　林力尋　尋徐林　心息林　淫餘針　針職深　深式針　任如林

今金居吟吟魚金琴側吟十一字同爲一類三等開口呼

二二覃

含胡男南男那含三字同爲一類一等開口呼

二三談

甘古三三蘇甘酣胡甘談徒甘四字同爲一類一等開口呼

二四鹽

鹽余廉廉力鹽占職廉炎于廉淹央炎五字同爲一類三等開口呼

二五添

兼古甜甜徒兼二字同爲一類四等開口呼

二六咸

讒士咸咸胡讒二字同爲一類二等開口呼

二七銜

銜戶監監古銜二字同爲一類二等開口呼

二八嚴

嚴語𩏩𩏩虛嚴二字同爲一類三等開口呼

二九凡

凡扶芝 芝匹凡 二字同爲一類三等開口呼

上聲

一董　動徒總　孔康董　董多動　蠓莫孔　總作孔　五字同爲一類　一等合口呼

二腫　隴力踵　踵之隴　奉扶隴　宂而隴　勇余隴　悚息拱　拱居竦　冢知隴　八字同爲一類　三等合口呼

鳿莫湩　湩都鳿　二字同爲一類　一等合口呼

三講　項胡講　講古項　慃烏項　三字同爲一類　二等牙音重脣喉音開口呼舌上正齒半舌合口呼

四紙　是氏承紙　紙帋諸氏　豸池爾　爾兒氏　此雌氏　侈尺氏　綺墟彼　倚於綺　十字同爲一類　二等開口呼

彼甫委　委於詭　詭過委　累力委　毀許委　婢便俾　靡文彼

五旨

捶之累　弭綿婢　隨息委　俾并弭　十一字同爲一類三等合口呼

雉直几　姊將几　履力几　几居履　矢式視　視承矢　六字同爲一類三等開口呼

鄙方美　美無鄙　洧榮美　軌居洧　壘誄力軌　水式軌　癸居誄　九字同爲一類三等合口呼

六止

止諸市　市時止　里理良士　紀己居理　士鉏里　史疎士　擬魚紀　九字同爲一類三等開口呼

七尾

匪府尾　尾無匪　鬼居偉　偉于鬼　四字同爲一類三等合口呼

豈袪狶　狶虛豈　二字同爲一類三等開口呼

八語　巨其呂呂力舉舉居許許虛呂渚章與與余呂六字同爲一類三等合口呼

九麌　矩俱雨雨羽禹王矩甫方距武文甫主之庾庾以主八字同爲一類三等合口呼

十姥　補博古魯郎古古公戶杜徒古戶侯古五字同爲一類一等合口呼

十一薺　禮盧啓米莫禮啓康禮弟徒禮四字同爲一類四等開口呼

十二蟹　廾乘買夥懷廾二字同爲一類二等合口呼　買莫蟹蟹胡買二字同爲一類二等開口呼

十三駭　楷苦駭駭侯楷二字同爲一類二等開口呼

十四賄　罪徂賄　賄呼罪　猥烏賄　三字同爲一類　一等合口呼

十五海　改古亥　亥胡改　愷苦亥　絠徒亥　宰作亥　乃奴亥　在昨宰　七字同爲一類　一等開口呼

十六軫　軫章忍　忍而軫　引余忍　盡慈忍　四字同爲一類　三等開

口呼

殞于敏　敏眉殞　二字同爲一類　三等合口呼

十七準　尹余準　準之尹　三字同爲一類　三等合口呼

十八吻　粉方吻　吻武粉　二字同爲一類　三等合口呼

十九隱　謹居隱　隱於謹　二字同爲一類　三等開口呼

二十阮　遠雲阮　阮處遠　晚無遠　三字同爲一類　三等合口呼

憲虛阮　偃於憲　二字同爲一類　三等開口呼

二一混　本布忖　忖倉本　損蘇本　袞古本　四字同爲一類一等合口呼

二二很　墾康很　很胡墾　二字同爲一類一等開口呼

二三旱　旱胡笴　但徒旱　笴古旱　三字同爲一類一等開口呼

二四緩　管古滿　緩胡管　纂作算　伴薄旱　滿莫旱　五字同爲一類一等合口呼

二五潸　板布綰　綰烏管　鯇戶板　三字同爲一類二等合口呼
赧奴板　一類二等開口呼

二六產　簡古限　限胡簡　二字同爲一類三等開口呼

二七銑　典多殄　殄徒典　峴胡典　繭古典　四字同爲一類四等開口呼

眣姑泣　泣胡眣　二字同爲一類四等合口呼

二八獮　淺七演　演以淺　善常演　展知演　輦力展　翦卽淺　蹇九輦　免亡辨　辨辯符蹇　十字同爲一類二等開口呼

兗以轉　緬彌兗　篆持兗　轉陟兗　四字同爲一類三等合口呼

二九篠　鳥都了　了盧鳥　皛胡了　皎古了　四字同爲一類四等開口呼

三十小　兆治小　小私兆　夭於兆　矯居夭　表陂矯　少書沼　沼之少　七字同爲一類三等開口呼

三一巧　絞古巧　飽博巧　巧苦絞　爪側絞　四字同爲一類二等開口呼

三二一皓　老盧皓浩皓胡老早子皓道徒皓抱薄浩六字同爲一類一等開口呼

三三哿　我五可可枯我二字同爲一類一等開口呼

三四果　火呼果果古火二字同爲一類一等合口呼

三五馬　下胡雅雅疋五下賈古疋四字同爲一類二等開口呼

野治也羊者者章也姐玆野五字同爲一類三等開口呼

寡古瓦瓦五寡二字同爲一類二等合口呼

三六養　兩良奬養餘兩奬即兩丈直兩掌諸兩五字同爲一類三等開口呼

昉分罔罔文兩往于兩三字同爲一類三等合口呼

三七蕩　朗盧黨　黨多朗　二字同爲一類一等開口呼
晃胡廣　廣古晃　二字同爲一類一等合口呼

三八梗　梗古杏　杏何梗　二字同爲一類二等開口呼
永于憬　憬俱永　丙兵永　三字同爲一類三等合口呼
猛莫杏　礦古猛　瞢烏猛　三字同爲一類二等開口呼
影於丙　景居影　冷魯打　打德冷　四字同爲一類三等開口呼

三九耿　耿古幸　幸胡耿　二字同爲一類二等開口呼

四十靜　郢以整　靜疾郢　井子郢　整之郢　四字同爲一類四等開口呼
頃去潁　潁餘頃　二字同爲一類四等合口呼

四一迥　頂鼎都挺　挺徒鼎　醒蘇挺　涬胡頂　剄古挺　六字同爲一類四等開口呼

迥戶熲　熲古迥　二字同爲一類四等合口呼

四二拯　拯蒸上聲　庱亡拯　二字同爲一類三等開口呼

四三等　肯苦等　等多肯　二字同爲一類一等開口呼

四四有　九久舉有　有云久　柳力久　酉與久　婦房久　否方九　七字同爲一類三等開口呼

四五厚　后厚胡口　口苦后　斗當口　垢茍古后　六字同爲一類一等開口呼

四六黝　黝於糾　糾居黝　二字同爲一類四等開口呼

四七寑　稔荏如甚　甚常枕　朕直稔　枕章荏　凜力甚　飲於錦　錦居

飲 瘂疎錦 九字同為一類

四八 感
禪徒感 感古禪 俺烏感 三字同為一類 一等開口呼

四九 敢
覽盧敢 敢古覽 二字同為一類 一等開口呼

五十 琰
琰以冉 冉染而琰漸 慈染 斂良丹 儉巨險 險虛檢 檢居 九字同為一類 三等開口呼

五一 忝
珔多忝 忝他玷 二字同為一類 四等開口呼

五二 儼
掩於广 广魚掩 二字同為一類 三等開口呼

五三 㦿
斬側減 減古斬 㦿下斬 三字同為一類 二等開口呼

五四 檻
黤於檻 檻胡黤 二字同為一類 二等開口呼

五五 范
鋄亡范 范犯防鋄 三字同為一類 三等開口呼

去聲

一送

送蘇弄 弄盧貢 貢古貢 凍多貢 四字同爲一類一等合口呼

衆之仲 仲直衆 鳳馮貢 三字同爲一類三等合口呼

二宋

宋蘇統 統他綜 綜子宋 三字同爲一類一等合口呼

三用

用余頌 頌以用 二字同爲一類三等合口呼

四絳

絳降古巷 巷胡絳 三字同爲一類牙音重脣喉音二等開口呼舌上正齒半舌合口呼

五寘

義宜寄 寄居義 賜斯義 豉是義 智知義 企去智 五字同爲一類三等開口呼

睡瑞是僞 僞危睡 累良僞 恚於避 避毗義 六字同爲一類三等合口呼

六至

利力至 至脂利 四息利 冀几利 自疾二 二而至 器去冀 寐彌二 八字同爲一類三等開口呼

遂徐醉 醉將遂 位于愧 愧媿俱位 類力遂 萃秦醉 媚明秘 備平秘 秘兵媚 季居悸
悸其季 十二字同爲一類三等合口呼

七志 吏力置 置陟吏 記居吏 志職吏 四字同爲一類三等開口呼

八未 未味無沸 沸方味 胃于貴 貴居胃 畏於胃 六字同爲一類三等合口呼
豙魚既 既居豙 二字同爲一類三等開口呼

九御 據倨居御 御牛倨 慮良倨 預羊洳 洳人恕 恕商署 助牀據 署常恕 去丘倨 十字
同爲一類三等合口呼

十遇 具其遇 遇牛具 戍商遇 句九遇 注之戍 五字同爲一類三等合口呼

十一暮 故古暮 暮莫故 誤五故 路洛故 祚昨誤 五字同爲一類一等合口呼

十二霽 計古詣 詣五計 戾郎計 三字同爲一類四等開口呼

惠胡桂 桂古惠 二字同爲一類四等合口呼

十三祭

例力制 祭子例 制征例 罽居例 獘毗祭 袂彌獘 蔽必袂 世舒制 憩去例 九字同爲一類三等開口呼

稅舒芮 芮而銳 銳以芮 歲相銳 衛于歲 五字同爲一類三等合口呼

𥏽丘吠 𥐥呼吠 二字爲廢韻誤入

十四泰

大徒蓋 太他蓋 蓋古太 貝博蓋 艾五蓋 帶當蓋 六字同爲一類一等開口呼

外五會 會黃外 最祖外 三字同爲一類一等合口呼

十五卦

懈古隘 隘烏懈 二字同爲一類二等開口呼

賣莫懈 卦古賣 二字同爲一類二等合口呼

十六怪

介戒界古拜 三字同爲一類二等開口呼

十七夬

拜博怪 怪古壞 壞胡怪 三字同爲一類二等合口呼

夬古邁 邁莫話 話下快 快苦夬 四字同爲一類二等合口呼

喝於犗 犗古喝 二字同爲一類二等開口呼

十八隊

內奴對 對都隊 隊徒對 繢胡對 妹昧莫佩 佩蒲昧 輩補妹 八字同爲一類一等合口呼

十九代

愛烏代 代徒耐 耐奴代 溉槩古代 五字同爲一類一等開口呼

二十廢

肺方廢 廢芳肺 穢於廢 三字同爲一類三等合口呼

刈魚廢 爲一類三等開口呼

二一震

刃而振 晉即刃 遴良刃 覲渠遴 振章刃 印於刃 六字同爲一類三等開口呼

昀九峻 爲一類三等合口呼

二二二稕　峻私閏　閏如順　順食閏　三字同爲一類二等合口呼

二二三問　運王問　問亡運　二字同爲一類三等合口呼

二二四焮　靳於焮　焮香靳　二字同爲一類三等開口呼

二二五願　怨於願　願魚怨　万無販　販方願　四字同爲一類三等合口呼

建居万　堰於建　二字同爲一類三等開口呼

二二六慁　困苦慁　慁莫困　寸倉困　三字同爲一類一等合口呼

二二七恨　艮古恨　恨胡艮　二字同爲一類一等開口呼

二二八幹　旰古案　按　案烏旰　旦得旰　贊側旰　五字同爲一類一等開口呼

二二九換　玩五換　換胡玩　投徒玩　貫古玩　亂郎投　喚火貫　筭蘇貫　半博幔　幔莫半　九字同爲一類一等合口呼

三十諫

晏烏澗 澗諫古晏 三字同爲一類 二等開口呼

慣古患 患胡慣 二字同爲一類 二等合口呼

三一襇

襇古莧 莧侯襇 二字同爲一類 二等開口呼

幻胡辨 辨蒲莧 二字同爲一類 二等合口呼

三二霰

電甸佃堂練 練郎甸 麪莫甸 五字同爲一類 四等開口呼

縣黃絢 絢許縣 二字同爲一類 四等合口呼

三三線

箭子賤 賤才線 線私箭 面彌箭 碾女箭 扇式戰 戰之膳 膳時戰 彥魚變 九字同爲一類 三等開口呼

變彼眷 眷卷居倦 倦渠卷 戀力卷 囀知戀 釧尺絹 絹吉掾 掾以絹 九字同爲一類 三等合口呼

徧方見 此霞韻誤入

三四嘯 弔多嘯 嘯蘇弔 叫古弔 三字同爲一類 四等開口呼

三五笑 妙彌笑 笑私妙 要於笑 少失照 照之少 召直照 廟眉召 八字同爲一類 三等開口呼

三六效 教古孝 孝呼教 皃莫教 稍所教 四字同爲一類 二等開口呼

三七號 導徒到 到都導 報博耗 耗呼到 四字同爲一類 一等開口呼

三八箇 賀胡箇 箇个古賀 佐則箇 邏郎佐 五字同爲一類 一等開口呼

三九過 過古臥 貨呼臥 唾湯臥 臥吾貨 四字同爲一類 一等合口呼

四十禡 駕嫁古訝 訝吾嫁 亞衣嫁 四字同爲一類 二等開口呼

霸必嫁 化呼霸 罵莫嫁 吴胡化 四字同爲一類 二等合口呼

四一漾

夜羊謝謝辭夜二字同爲一類三等開口呼

亮力讓讓人樣樣餘亮向許亮四字同爲一類三等開口呼

訪敷亮況許訪放甫妄妄巫放四字同爲一類三等合口呼

四二宕

宕徒浪浪來宕二字同爲一類一等開口呼

曠苦謗謗補曠二字同爲一類一等合口呼

四三映

孟莫更更古孟二字同爲一類二等開口呼

橫戶孟爲一類二等合口呼

命眉病病皮命二字同爲一類三等合口呼

敬居慶慶丘敬二字同爲一類三等開口呼

四四諍

諍側迸迸北諍二字同爲一類二等開口呼

四五勁　正政之盛　盛承正　鄭直正　姓息正　令力政　六字同爲一類四等開口呼

四六徑　定徒徑　佞乃定　徑古定　三字同爲一類四等開口呼

四七證　應於證　證諸應　甑子孕　孕以證　𩜺里甑　五字同爲一類三等開口呼

四八嶝　亘古鄧　鄧徒亘　隥都鄧　贈昨亘　四字同爲一類一等開口呼

四九宥　救居祐　祐　又于救　副敷救　富方副　呪職救　溜力救　就疾僦　僦即就　九字同爲一類三等開口呼

五十候　遘古候　候胡遘　豆田候　奏則候　漏盧候　五字同爲一類一等開口呼

五一幼　謬靡幼　幼伊謬　二字同爲一類四等開口呼

五二沁　鴆直禁　禁居蔭　任汝鴆　蔭於禁　譖莊蔭　五字同爲一類三等開口呼

五三勘　紺古暗　暗烏紺　二字同爲一類一等開口呼

五四闞　濫盧瞰　暫蹔藏濫　瞰瞰苦濫　五字同爲一類一等開口呼

五五豓　豓以贍　贍時豓　驗魚窆　窆方驗　四字同爲一類三等開口呼

五六㮇　念奴店　店都念　二字同爲一類四等開口呼

五七釅　欠去劍　劔居欠　釅魚欠　三字同爲一類三等開口呼

五八陷　韽於陷　陷戶韽　賺佇陷　三字同爲一類二等開口呼

五九鑑　懺楚鑒　鑑監格懺　三字同爲一類二等開口呼

六十梵　泛孚梵　梵扶泛　二字同爲一類三等開口呼

一屋　竹張六六力竹逐直六福方六匊菊居六宿息逐七字同爲一類三等合口呼

二沃　谷古祿祿盧谷木莫卜卜博木四字同爲一類一等合口呼
酷苦沃沃烏酷毒徒沃篤冬毒四字同爲一類一等合口呼

三燭　欲余蜀玉魚欲蜀市玉足即玉曲丘玉錄力玉六字同爲一類三等合口呼

四覺　角古岳覺古岳岳五角三字同爲一類牙音重脣喉音二等開口呼舌上正齒半舌合口呼

五質　叱昌栗日人質質之日一於悉七親吉吉居質栗力質悉息七必畢畀吉乙於畢
密美畢筆鄙密十三字同爲一類三等開口呼
率所律一類二等合口呼

六術　聿余律卹辛律律呂卹三字同爲一類三等合口呼

七櫛　瑟所櫛　櫛阻瑟　二字同爲一類二等開口呼

八物　弗分勿　物勿文弗　三字同爲一類三等合口呼

九迄　乞去訖　訖居迄　迄許訖　三字同爲一類三等開口呼

十月　厥居月　月魚厥　越王伐　伐房越　發方伐　五字同爲一類三等合口呼

歇許竭　竭其謁　謁於歇　訐居竭　四字同爲一類三等開口呼

十一沒　勃蒲沒　沒莫勃　忽呼骨　骨古忽　四字同爲一類一等合口呼

十二曷　葛割古達　達唐割　曷胡葛　四字同爲一類一等開口呼

十三末　撥北末　末莫撥　活戶括　括栝古活　五字同爲一類一等合口呼

十四黠　八博拔　拔蒲八　黠胡八　三字同爲一類二等開口呼

滑戶八　一類二等合口呼

十五鎋

瞎許鎋 鎋轄胡瞎 三字同爲一類二等開口呼

頢丑刮 刮古頢 二字同爲一類二等合口呼

十六屑

結古屑 屑先結 蔑莫結 三字同爲一類四等開口呼

穴胡決 決古穴 二字同爲一類四等合口呼

十七薛

列良薛 薛私列 竭渠列 滅亡列 熱如列 五字同爲一類三等開口呼

雪相絕 悅弋雪 絕情雪 劣力輟 輟陟劣 爇如劣 六字同爲一類三等合口呼

十八藥

灼之若 勺市若 若而灼 藥以灼 略離灼 雀即略 約於略 虐魚約 九字同爲一類三等開口呼

縛符钁 钁居縛 籰王縛 三字同爲一類三等合口呼

十九鐸

落盧各 各古落 二字同爲一類一等合口呼

二十陌　郭古博　博補各　矱胡郭　三字同爲一類一等合口呼

白傍陌　陌莫白　伯博陌　格古伯　四字同爲一類二等開口呼

虢古伯　擭一虢　二字同爲一類二等合口呼

劇奇逆　戟几劇　逆宜戟　郤綺戟　四字同爲一類三等開口呼

二一麥　獲胡麥　麥莫獲　摑古獲　三字同爲一類二等合口呼

戹厄於革　革古核　核下革　摘陟革　責側革　六字同爲一類二等開口呼

二二昔　迹積資昔　昔思積　益伊昔　亦易羊益　辟必益　炙隻之石　石常隻　十字同爲一類三等開口呼

役營隻　一類三等合口呼

二三錫　激擊古歷　歷郎擊　狄徒歷　四字同爲一類四等開口呼

二四職

鶪狊古闃 闃苦鶪 三字同爲一類 四等合口呼

翼與職 職之翼 直除力 力林直 即子力 側阻力 極渠力 七字同爲一類 三等開口呼

逼彼側 爲一類 三等合口呼

二五德

則子德 得德多則 北博墨 黑呼北 勒盧則 墨莫北 七字同爲一類 一等開口呼

或胡國 國古或 二字同爲一類 一等合口呼

二六緝

入人執 執之入 立力入 及其立 急汲居立 十汁是執 戢阻立 九字同爲一類 三等開口呼

二七合

閤古沓 合候閤 沓徒合 答都合 四字同爲一類 一等開口呼

二八盍　臘〔盧盍　胡臘〕　盍〔胡臘〕　榼〔苦盍〕　三字同爲一類　一等開口呼

二九葉　涉〔時攝〕　葉〔與涉〕　攝〔書涉〕　檋〔陟葉　卽葉〕　接〔卽葉〕　五字同爲一類　三等開口呼

雜〔雜倉〕　此合韻誤入

三十帖　協〔胡頰〕　頰〔古協〕　愜〔苦協〕　牒〔徒協〕　四字同爲一類　四等開口呼

三一洽　夾〔古夾〕　洽〔侯夾〕　囨〔女洽〕　三字同爲一類　二等開口呼

三二狎　狎〔胡甲〕　甲〔古狎〕　二字同爲一類　二等開口呼

三三業　業〔魚怯〕　怯〔去刼〕　刼〔居怯〕　三字同爲一類　三等開口呼

三四乏　乏〔房法〕　法〔方乏〕　二字同爲一類　三等開口呼

切語舊說

音學辨微九辨翻切云漢以前注書者但曰某字讀如某音或不甚的孫炎爾雅音義始有反切之法古曰反或曰翻後改曰切其實一也上一字取同類同位（七音同類清濁同位）下一字取同韻（韻窄字少者或借相近之韻）取同位同類者不論四聲（平上去入任取一字）取同韻者不論清濁（清濁定於上一字不論下一字如德紅切東字東清而紅濁戶公切紅字紅濁而公清俱可任取蓋德與東戶與紅清濁定於此也後人韻書有嫌其清濁不類難於轉紐者下一字必須以清切清以濁切濁固爲親切然明者觀之正不必如此倘譏前人之切爲誤則不知切法者矣）此事本非難明者一轉即是不煩將位次指數亦不須他韻借轉且不必出聲調音只見兩字便作一字讀之聲音本自然也而人以爲難彼固有所蔽也

又曰凡依音類母位取上一字者謂之音和舌頭與舌上重脣與

輕脣交互取上一字者謂之類隔（如長幼之長丁丈反以舌頭切舌上也綢繆之繆武彪反以輕脣切重脣也）又曰取上一字有寬有嚴甚嚴者三四等之重脣不可混也照穿牀審之二等三等不相假也喻母之三等四等亦必有別也餘可從寬不必以等拘矣

切韻考通論云以上字定清濁不知上去入各有清濁則遇切語上字用上去入者不辨所切爲何音如東字德紅切不知德字爲清音則疑德紅切爲東之濁音矣（東之濁音無字）隆字力中切不知力字爲濁音則疑力中切爲隆之清音矣（隆之清音無字）洪字戶公切不知戶字爲濁音則疑戶公切烘字矣衝字尺容切不知尺字爲清音則疑尺容切重字矣此上去入之清濁所以不可不知也

又云切語之法非連讀二字而成一音也如同徒紅切蛩渠容切連讀而成音者偶然相合耳連讀二字成一音誠爲直捷然上字必用支魚歌麻諸韻字下字必用喉音字支魚歌麻無收音而喉音直出其上不收其下直接故可相連而成一音否則中有窒礙不能相連矣然必拘此法或所當用者有音無字或雖有字而隱僻難識此亦必窮之術也而呂新吾交泰韻潘稼堂類音必欲爲之於是以堄翁切終字以竹硧切中字夫字有不識乃爲切語以終中易識之字而用堄硧難識之字爲切不亦傎乎孰若古人但取雙聲疊韻之爲坦途哉西洋人金尼閣西儒耳目資亦以二字連讀爲一音此則用其本國之法耳

又後論云開口合口名目古人雖無之然甚精當廣韻切語下字分別開合甚明如羈居宜切開口 嬀居爲切開口 攲去奇切開口 虧去爲切開口 耆渠脂

切開口逵渠追切合口宜魚羈切開口危魚爲切合口下字兩兩不同是開合以下字定之也上字兩兩相同是開合不以上字定之也切語上字不論開合故字母亦不論開合見溪疑三字皆開口羣字合口隨所用而不拘也開合本由於韻之不同然見溪羣疑影喻曉匣八母之開合則似出音亦不同故後來有妄增字母者也

音韻闡微凡例云世傳切韻之書其用法繁而取音難今依本朝字書合聲切法則用法簡而取音易如公字舊用古紅切今擬姑翁切巾字舊用居銀切今擬基因切牽字舊用苦堅切今擬欺煙切蕭字舊用蘇彫切今擬西腰切蓋翻切之上一字定母下一字定韻今於上一字擇其能生本音者下一字擇其能收本韻者緩讀之爲二字急讀之即成一音

又云凡字之同母者其韻部雖異而呼法開合相同則翻切但換

下一字而上一字不換如姑翁切公字姑威切歸字姑彎切關字姑汪切光字此四字皆見母合口呼俱生聲於姑字又如基因切巾字基煙切堅字基腰切驕字基優切鳩字此四字皆見母齊齒呼俱生聲於基字由此以推凡翻切之上一字皆取支微魚虞歌麻數韻中字辨其等母呼法其音自合以此數韻能生諸部之音又云凡字之同韻者其字母雖異而平仄清濁相同則翻切但換上一字而下一字不換如基煙切堅字欺煙切牽字梯煙切天字卑煙切邊字此四字皆先韻之清聲俱收聲於煙字如奇延切虔字池延切纏字彌延切綿字齊延切錢字此四字乃先韻之濁聲俱收聲於延字由此以推凡各韻清聲之字皆收於本韻之影母各韻濁聲之字皆收聲於本韻之喻母蓋影喻二母聲有清濁乃

本韻之喉音天下之聲皆出於喉而收於喉故翻切之下一字用影喻二母中字收歸喉音其聲自合也

又云每韻中同音之字彙於一處每音第一字下註明其音今將舊翻切列於前係以廣韻集韻舊名將所擬合聲切列於後係以合聲二字其有係以今用二字者因本母本呼於支微魚虞數韻中無字者則借仄聲或別部之字以代之但開齊合撮之類不使相淆遇本韻影喻二母無字者則借本韻旁近之字以代之其清母濁母之分不使或紊其取音比舊稍近也有再係以協用二字者再借鄰韻影喻二母中字以協其聲也或係以借用二字者乃雖借鄰韻併非影喻二母中字其聲爲近而亦不甚協者也

古今切語表敘

右表爲十三年手錄，廣韻切語列字右，近世國音本音韻闡微，今取其切語列左，若一音有二三切語者，闡微之讀則列於下，四聲分列，命之曰古今切語表，又錄音學辨微切韻攷音韻闡微論切語之說于後，以見其法，善乎陳澧之言曰，切語之法，非連讀二字而成一音也，又曰，上字與所切之字雙聲，下字與所切之字疊韻，上字定其清濁，下字定其平上去入，夫非連讀以成音，則殊異乎他國拼音之文，上字與所切之字雙聲，則上字者，但比況發聲之狀，而無開合洪細短長之別，如當都郎切，黨多郎切，讜丁浪切，當開口也，而用合口之都，黨上聲也，而用平聲之多，

諧一等也，而用四等之了，然當都黨多諧丁者，其發聲時，舌俱彈顎上斷，及其音成，始有開合短長之勢，當舌之彈擊也，無有異也，闡微之例，必舉而析之，然其等亶用朶坱鞅用倚，堅祚用族，詞徐用習，吐音俱諧，是知開合齊撮之別，屬下字不屬上字也，韻者，收聲之狀也，韻部者，所以區異其狀而爲之封域也，今建協用借用二目，以期合乎流俗，乃江不從陽，覺不從藥者，實拘畏而不敢耳，夫增設條例，不得貫通，何若順勢審聲，循其自然者耶，

韻鏡指掌圖敍列諸韻中字，然不注切語，四聲切韻表增列切語，然不依廣韻，切韻攷依廣韻矣，然多所刪遺，案廣

韻鍾韻恭字注云陸氏以恭蚣縱等入冬韻非也，陳氏既刪于
鍾，復不入冬，使恐恐曲諸音失其平聲。唐韻王本切韻史
韻俱有犆字，陳氏謂為後人增者。因刪犆喝諸聲，山錯開
口，失其繼序，為鳳伏相隨，鳳誤用貢字，如豐之用空也
，失其繼序，莫弄莫鳳亦云音同而刪嫁矣，今以鳳伍弄映，寢隨蒙蠓木，嘗目
無去，莫弄莫鳳亦云音同而刪嫁矣，
，玉篇鳳浮諷切可證，今以鳳伍弄映，寢隨蒙蠓木，嘗目
廣韻渾都鴻切，陳氏云徐鍇都佪反陸氏書渾無同韻之字，
故附入二腫，而切語則借用一董佪字，廣韻鴻增加字也不
錄，韻部所以畫界音讀，則切語下字不得相假，廣韻渾鴻
互用，以標其同類，而因字少也，則附見于腫，小徐切語
，身足徵信，又云牽所律切，律在六術，以牽無同類之字

二三七

故借用，案切韻質術不分，率故在質，及其既分而簡取未盡，猶切韻眞諄不分，而廣韻眞有筠贇，諄有砏趣，震稕不分，而震有昀，軫準不分，準有脪螼濜屒，寒桓不分，而寒有濡，旱緩不分而緩有攤也，又云鰥借用頑，案切韻頑吳鰥反，在山韻又云儼魚掩切，此韻皆僻字故借用琰韻，案唐寫切韻，琰儼不分，王本則分矣，而琰冄互用，广儉險互用，今廣韻險檢儉掩貶預在琰，亦分疏未當，非借也，又云釅魚欠切，脅許欠切，菱（原誤菱今依黎本正）亡劒切，欠劒在六十梵，此韻皆僻字，故借用，案王本切韻嚴韻，欠劒互用，梵韻梵泛互用，廣韻合爲一韻，又分之未當，非借也，又云凡符咸切，此韻字少，故借用二十六咸之咸字也

，案新添類隔條，凡符芝切，與切韻說文合，則咸實誤字，非借也，要之陳氏所謂借用，未可憑依，廣韻切語下字脣音可用開合字，開合俱可用脣音字，蓋讀脣音，必先合脣而後開，故開合通用，如卑陂同音，卑用移，陂用爲，彼俾同音爲其上，彼用委，俾用弭，賁臂同音爲其去，俱用義，陳氏以卑與賁臂列開，陂與彼俾列合，切韻考條例云，今考平上去入四韻相承者，其每韻分類亦多相承，玆何舛錯岐出若此耶，蓋未明其通用之故耳，明其通用，則綺用彼而非疏，恚用避亦非疏矣，廣韻獝況必切合也，欯許吉切，開也，今存欯删獝，䶖士板切開也，撰雛鯇切合也，今存䶖删撰，紇下沒切開也，搰戶骨切

合也，今以紇爲合而刪揹，鬢姊末切開也，繓子括切合也，今以鬢屬末而刪繓，駕古訝切開也，坬古罵切合也，今存駕刪坬，垎胡格切，赫呼格切，啞烏格切開也，嚄胡伯切，䨼乙白切，謋虎伯切，合也，今以嚄爲開而刪䨼謋，存赫啞而刪垎，盲武庚切合也，故橫用盲，猛莫杏切合也，故礦用猛，界用礦，今以猛列開，謂礦借用猛而刪界，又以營爲開，不知熒省聲者無開口也，孟莫更切合也，故蝗橫用孟，宖用橫，今以孟列開，謂蝗借用孟而刪宖，逼彼側切合也，故洫域用逼，今以洫域列開，謂畫桅諸字隱僻而削落，豈徒此也，企跬俱丘弭切而分開合，綶裍俱古覓切而分開合，棧撰俱士免切而分開合，格虢俱古伯切而

分開合，黠胡八切開也，滑戶八切合也，丫乖買切合也解佳買切開也，陳氏或存此而去彼，或存一而去餘，存者曰疏，曰借用，去者曰增加，不知皆脣音與開合通用也，今表悉爲補正，至如往用兩，爲用支，役用隻，汪用浪，夐用正，合口而以開口作切，違錯常例，其因合口終開，故用開口，如詩釋文紘獲耕反，熒迴丁反之比歟，不當曰借用以解之也，

切韻攷于同音兩切語，多刊剟不錄，或曰以其無害于例故錄，爲例不亦散乎，夫同音兩切語並載于篇者，當如國故論衡所云，殆切韻所承聲類韻集諸書，丵嶽不齊，未定一統故也，不惟切韻，如曹憲廣雅音，礲音落東，籠音力公

，[illegible]音於龍，饔音於恭，搑音而容，毦音而恭，郭璞方言音，僇恪膠反，茭恪交反，憮亡輔反，[illegible]亡主反，諄章順反，諄之潤反，此一人之作，猶差互若此，況切韻裒聚羣籍乎，陳氏以兩切語同一音，爲後人增加字者，亦未有徵，何者，如支韻劑遵爲切，驪子垂切，陳氏云此音同增加字也，案敦煌本王仁煦本切韻劑驪俱有，其非埤益甚明，陳氏蓋以垂爲同類，故删驪存劑，移宜異類，故貲厜俱存，案厜切韻俱姊規反，爾雅釋文云郭才規反，顧視規反，雖體文殊歧，而聲埶同規，則其與劑驪同爲合口矣，陳氏又何以删存之哉，陳氏不信字母等韻，依據切語上下字，探索聲類韻類，偶然卓異，然篋册蕩滅，乃欲復切韻之舊

，豈可得哉，惜陳氏集法言以前切語未成，不能闚察漢隋之統紀，僅采驗于二徐，雖乎免于意必之語矣，聲韻雖本于口耳，而欲辨别其清濁等呼，固非目驗切語不能，切韻考首列聲類韻類者以此，今師其意列聲類考于前，復系聯切語下字成韻類表于後，以爲學者循省之助，民國二十三年四月十八日休寧趙世忠識

重校記

東（合23） 支（開23） 支（合23） 脂（開23） 脂（合23） 之（開23） 魚（合23） 虞（合23） 真（開3） 諄（合3） 僊（開23合23） 宵（開3） 麻（開32） 陽（開3） 蒸（開23） 侵（開23）

鹽（開23） 梗（開3） 送（合23） 祭（開23） 祭（合23） 豔（開3） 燭（合3） 以上各格内當添4字

陽（合3） 產（合） 厚（開1） 至（開43） 願（合3） 漾（合3） 宥（開43） 以上各格内當添2字

海（開1） 靜（開4） 勁（開4） 以上各格内當添3字

厚（合） 韓（開2） 以上二格内當添1字 尤（合）當作尤（開234）

旨（開432）當删2字 準（合432）當删2字 蕩（開1合2）當删合2二字

蕩（開2）當作梗（開2） 忝（開4合3）當作忝（開4合4）

藥（開43）當作藥（開234） 藥（合23）當作藥（合3） 陌（開23）不誤 以上各字校勘記偶誤今正

皆（合2）韻之膭（杜懷　除懷）字當迻于澄紐下　幽韻之摻（山幽）字當删

馬（開2）韻之䐁（都賈）字當迻于知紐下作䐁（都賈）觰（竹下）䋾（啞知）　又䋈（奴下　你雅）字當迻于娘紐下

梗（開2）韻之儜（拏梗　你冷）字當迻于娘紐下　厚韻之鯫（仕垢　字藕）字當迻于從紐下

上聲二十頁之考證當添四十五厚鯫仕垢切案漢書張良傳顏注才垢反史記貨殖傳索引昨苟反闡微作字藕反則仕爲才之誤今應改列從紐四十七字

願（合3）韻穿紐之篡（叉方　楚怨）字當删　漾（開43）韻之壯（側亮　阻刱）刱（初亮　楚壯）狀（式亮　助刱）三字當迻于漾（合3）

行內狀（式亮　助刱）當作狀（鋤亮　助刱）　沁韻喻紐之𩓐（于禁　異禁）字當迻于爲紐下

終

五行許戈當改作許𦙶

八行蹻去遙欺腰趫起囂當改作蹻去遙欺趫起囂腰

尻當改作尻

骳當改作骴

𪘏苦加欺猳當改作𪘏苦加欺猳傫乞加

九行翹渠遙巨嬌喬奇遙奇遙當改作翹渠遙奇喬巨嬌遙

𤺧巨當改作𤺧巨

十一行　十一格　應添爹（陟邪 低些）五字

第十四葉

四行　爹（陟邪 些低）五字　應删

五行　（敕宵）當改作（敕宵）

佗　當改作侘

六行　鼂　當改作鼂

九行　冐　當改作昌

十一行　（詩烏）當改作（詩焉）

第十五葉

二行　侳（子髀 租倭）應移在第十格中

三行　第九格　應添脞（醋伽）三字

四行　查　應改作查

第十七葉 一行 清開4合4 應改作 清開43合43

七行 陵居 當改作 居陵

古引 當改作 古弘

第十八葉 六行 直陸 當改作 直陵

九行 昌證 當改作 處陵

第十九葉 四行 疾綾 當改作 疾陵

六行 餘盈 當改作 徐盈

八行 鎗楚庚差亨 當移在第三格中

十行 生所庚師亨 當移在第三格中

第二十一纂　二行

十一行

八行

浜〔布耕〕　當移在第七格作

當移在第七格作　浜〔布耕連／北萌／耕〕繃

於蚪　淹〔史炎〕　當改作

淹〔史炎〕　當改作　淹〔央炎衣／一鹽衣詹〕

一鹽衣詹　淹　當改作　懕〔尖衣〕

衣尖　於四

丘〔去音〕　當改作　丘〔去鳩欺〕

忱〔欺秋優〕　當改作　忱〔去秋優〕

丘〔丘廉〕　戚　當改作

箝〔奇炎／欺淹〕　當改作　感〔欺淹〕

戚〔丘廉〕

九行鋮巨鹽當改作箝巨淹奇炎鍼巨鹽

十行語蚪當改作語蚪

第二十二葉三行丸末當改作力求

第二十四葉九行則此誤下當添又匹凡切末有欲

澤存本誤欲案殘本玉篇欠部欲丘凡切集韻作欲丘凡

切切韻嚴部欲丘嚴反又丘凡反王仁煦本凡部列欲于

芝泛二字之閒廣韻遂沿襲而誤

第二十五葉三行羊巳當改作羊已

七行倚謹當改作倚謹

十一行貯丁呂豬語當刪

第二十六葉 四行 十一格 當添 貯(丁呂 豬語)

七行 (尼古) 當改作 (尼呂)

十二行 (臣庚) 當改作 (臣庚)

第二十七葉 一行 (隴而) 當改作 (而隴)

第四葉 四當改作二十八以下葉數依次

改正

第五(當作二十九)葉 一行 混(開1) 當刪 (開1) 二字

六行 (古引) 當改作 (吉引)

第七(當作三十一)葉 二行 七格 當添 濫(組紉) 三字

十二行 栩 當改作 栩

第八(當作三十二)葉 七行 當添附切語攷證

八行 當添 十七準 縈脪蝆濫辰四

類俱開口字猶諳韻之趣亦不別分

第九當作三十三葉 五行 喜杏 當改作 喜杏

七行 姑法 當改作 姑泣

十行 疑 當改作 疑

五板擬赧 齗 當移在第一格中

第十葉 二行 奴板你眼 赧 當删

六行 第一格 當補 奴枚你眼 赧 五字

十一行 ⿰犭然 當改作 ⿰亻然

第十一（當作三十五）葉　七行　酢（側板　阻椀）　當移在第一格中
八行　棧（初板）　當移在第一格中
九行　䶢（士板）　當移在第一格中　第二格中　但爲撰（雛鯇　助椀）
第十四（當作三十八）葉　九行　整（之郢　汁郢）　當移在第八行十三格中
第十五（當作三十九）葉　二行　蛆（銼瓦）　當移在第二格中
第十七（當作四十一）葉　十二行　（玷他）　當改作（他玷）
第十八（當作四十二）葉　二行　（難等）　當改作（儺等）
五行　謟　當改作　謟

第十九（當作四十三）葉

六行臉當改作朕

八行（廣集二韵）當改作（廣韻集韻）

二行赱當改作走

三行趣當改作趣

四行槧當改作槧

九行（乍飲）當改作（士痒）頗（乍飲）

十一行貶當改作貶

第二十（當作四十四）葉

二行叏當改作叏

第二十一（當作四十五）葉

一行范（合3）當改作范（開3合3）

第一（當作四十九）葉

七行（居亲）當改作（居冢）

第三(十一當作五)葉三行 子仲 當改作 千仲

覰 當改作 覷

第五(十三當作五)葉七行 居列 當改作 居例 下擬列丑列誤同

第七(十五當作五)葉三行 七外 當改作 䁱七外

啐蒼夬 當移在第十四格中

十一行 嶭 當改作 嶭

第八(十六當作五)葉二行 暮壞 當改作 暮壞

第十一(十九當作五)葉八行 第九格 當添 歎叉万 楚怨

第十三(十一當作六)葉五行 歚 當改作 歡

八行 䵹 當改作 䵹

第十四(十二當作六)葉九行 硟 當改作 硟

第十五（當作六十三）葉　七行　則敎　當改作　側敎

第十六（當作六十四）葉　一行　第十一格　當添　防敎 酏 步效　五字　在五行者當删

第十九（當作六十七）葉　七行　阻扱　當改作　阻挪　下挪及助扱之扱俱當改作挪

第二十（當作六十八）葉　四行　敷亮 訪 卦安　當移在第五格中

第二十一（當作六十九）葉　七行　候古　當改作　古候　十二行　睒　當改作　賧

第二十四（當作七十二）葉　二行　涅 蒲鑑　當移在第十五格中

五行泛（孚梵赴劍）六行梵（扶泛附劍）七行芟（亡劍務汎）俱當各移在末格中

第一（當作七十三）葉一行屋（合23）當改作屋（合432）

覺當改作覺（合2）

質（開23）當改作質（開432）

術（合23）當改作術（合432）

第二（當作七十四）葉八行苦枯當改作苦梏

一行徒谷當改作徒谷

三行盧逵當改作盧逵

誤今正

第二十五當作八十一葉 一行

昔開4 當改作 昔開43

昔合4 當改作 昔合43

職開32 當改作 職開432

緝開23 當改作 緝開432

合開3 當改作 合開1

盇開4 當改作 盇開1

葉開3 當改作 葉開432

第十一當作八十三　五行虛棫當改作　二行鬱摑畫阻揕當刪　七行第二格當添揕鬱摑阻畫五字

聲類考

第二葉一行　溪苦奚切下當添○按三鍾銎曲恭切曲丘玉切五寘䧉卿義切卿去京切九麻椵乞加切乞去訖則切此當增曲卿乞三字　十二行　影於丙切下當添○按二十八山嫘委鱳切委於詭切則此當增委字　二十四行　精子盈切下應添○按十七準濜組紃切組則古切三十五馬䶥䭀瓦切䭀子骴切則此當

增組餸二字
第三葉四行曉香皛切香當作馨切下應添○按十二蟹扮花黟切花呼瓜切則此當增花字
六行幫博旁切下當添○案三十一襉扮晡幻切晡博故切則此當增晡字
七行不系下當添聯實同一類滂普二字互用十一字
十四行乂當作叉
二十行定徒徑切下當添○案十二霽題獨計切獨徒谷切則此當增獨字
第四葉二行澄直陵切下當添○按二十八山䆿墜頑切墜直類切則此當增墜字

六行　日人質切下當添〇按三用搣穠用切穠而容切則此當增穠字

十七行　羣渠云下當添〇按二十八獮蛸狂究切狂巨王切則此當增狂字

第五葉三行　廬當作盧

五行　此爲來之類下當添〇案三十三線𤸁連彥切連力延切八戈𦤀縷𦤀切縷力主切則此當增連縷二字

七行　匣胡甲切下當添〇按十二蟹夥懷丫切懷戶乖切二十八山浽獲頑切獲胡麥切則此當增懷獲二字

十三行　竝蒲迴切下當添〇按三十三哿

韻類表

爸補可切捕薄故切則此當增捕字

第一　䉲　十七行　佳（佳）當改作佳（佳）

十九行　慈（疾之）當刪　畱改作當畱

第二　䉲　十六行　（若回）當改作（苦回）

二十行　（職鄰）當改作（職鄰）

第一（當作四以下應依次改正）　䉲　十一行　邀當改作邀

第三（當作六）　䉲　七行　（二等）當改作（三等）

第五（當作八）　䉲　二十行　（乘買）當改作（乖買）

第六（當作九）　䉲　十一行　譃當改作㦤

第七（當作十）　䉲　二行　剪當改作翦

第八（當作十一）　䉲　十五行　（亡拯）當改作（丑拯）

十七行西當改作酉

第九（當作十二）葉六行二當作三上當添簟（徒玷）三字

第十三（當作十六）葉二十二行淨當改作諍

第十四（當作十七）葉十三行騐當改作驗　窆當改作窆

第十五（當作十八）葉一行當補入聲二字爲一行

第十七（當作二十）葉八行十字當刪　九當改作八

十二行榼（苦盍）三字當刪　二當作三

古今切語表敍

第三葉十八行不知熒省聲者無開口也當改作

不知從熒省聲者無讀開口者也